自意識のラストダンス

前田裕太

左右社

自意識のラストダンス

目次

第二章　始まりは高円寺にて

第三章　芸能魔界で踠《もが》けども

第四章　僕と出会うまでの7500キロ

はじめに

円形脱毛症になった。

お笑いコンビの目立たない方であり、日陰の者と揶揄され、腐り芸人だなんて腐敗臭プンプンの汚名を着せられ早数年。北は北海道、南は沖縄まで全国津々浦々満遍なく生き恥を晒し続けた結果、陰気臭さが骨身に染み込み、とうとう頭皮に押し寄せてきてしまった。

世間ではティモンディはコンビ名ではなく相方の高岸によるピン芸人だと認識している人が跋扈《ばっこ》し、蔑ろにされる現場も多い。円形脱毛症になったのは、謂れ無き言葉や扱いに傷つき自尊心が干からび、ミイラ化してしまったが故なのである。

可哀想に。

仕事で身を粉々の木っ端微塵にしたところで誰からも評価されない。

いくら経済的に豊かになろうが、そんな多方向から多彩なストレスを一身に受け止め続ければ精神は消耗し、鍛錬した健康な肉体に目も当てられぬ影響が出て然るべきである。

望んだ世界で仕事を貰えるようになり、経済的に豊かになったというのに、後頭部に不毛の地を作らねば正気を保てぬなどあんまりだ。


こんなはずではなかった。

僕が神奈川県の瀬谷にある堀病院で誕生した時は、その可愛らしい笑顔が眩い光りを放ち、深夜にニワトリがその光を朝日と勘違いしてコケコッコーと高らかに鳴いたと言われている。瀬谷市の住民が揃って目を覚まし、それ以来、日本で瀬谷だけ少し一日の始まりが早くなってしまったそうだ。

そんな赤子の時から周囲を明るく照らしていた太陽は、今や頭皮から毛が抜けるほど摩耗し、満面の笑みすら不気味さと辛気臭さを帯び、錆びた銅のような鈍い光しか放てなくなっている。

如何に恐ろしいことであろうか。その輝きは今や路傍の石である。軽石として踵の垢を落とす用途に使われるのが関の山だ。

遺憾である。だが文句ばかり並べても仕方ないのも事実。

今からでも僕は、僕自身の人生を、責任を持って幸せにしてあげなければならない。

けれど、どうしたら幸せになれるのだろうか。

本屋に行くと「他人と比べない」だの「自分のペースで」だの、それができぬから生きづらいのだ、と猿でも分かるタイトルの本が並んでいた。

表紙を見て文句だけ言うのも誠意に欠けると思い幾つか見繕って読んでみると、自然に「それができたら苦労しねぇよ」と読む前に思っていたことと同じことを口にしていた。考えすぎなくていいんだよ、と言われても、そうできぬ性《さが》であるから困っているというのに。

結局、数ある本を読み漁っても何ら成果は上げられなかった。

お金もある。仕事もある。芸人として文句など言えぬ状態である。それに、ストレスはどの仕事をしたってゼロになることはないだろう。

従って、現状にも我慢して然るべきであるというところに帰結するのだけれど、国家負債額が如くパンパンに膨らんだ返済しきれないほどの精神的負荷を、このまま放っておけば財政破綻待ったなし。円形脱毛症の領地が拡大されていき、今は豊かな頭髪も荒廃した焼け野原まっしぐらである。

高校まで野球をやってきたせいで人生の半分は丸刈りであったというのに、大人になってまで剃髪したくはない。この青々とした緑を芸能界という猛火から全身全霊をもって守らねばならぬ。

この有り様に至った原因は、低すぎる自己肯定感であるようにも思えた。

というのも、高校生の頃、甲子園出場の夢に破れてから今日まで、自分のことを好きだと思えたためしがない。

僕という芸人を認知している奇特な存在からも、野球の強豪校に進学し、勉強をすれば大学院まで行った事実から、自己愛と自信に満ちた精神的強者であるという勘違いをされることがある。

しかし、実際そんなことはない。

日本人たるもの謙虚であれという和の心を徹底して教えられ続け、明るい感情が浮き上がるたび、日本海の奥底に沈め続けてきた。調子に乗っている人間を唾棄し、浮かれないように慎み深く生きてきた結果、自分自身も生きる幸せも、見失ってしまった。そして、周囲の思う僕への認識と自意識の乖離もまた僕を苦しめるのであった。

僕は一体何処へ行ってしまったのだろうか。もし居たら大きな声で呼んで欲しい。そんな願いも虚しく、返ってくる声に耳を傾けても凪の水面の静寂である。捜索願いを出して早数年。本来の僕の行先は今宵も分からず、いつものように左手による自己研磨に勤しむのだった。

幸せの正体が掴めず、生きづらさに溺れ、もがき苦しみ、それでも前を向いて生きるために今日まで施策を繰り返してきた。

その見苦しい生活の末に円形脱毛症になり、胃潰瘍に苦しんだ。その後、現状を脱しようと幸せの正体を知るために海を渡り、世界一幸せである国と言われるフィンランドまで行き、見ず知らずの土地で言葉も通じない人たちと、踊りながら号泣することになる。

そしてフィンランドに一週間滞在し、現地の人に取材をすることで、とうとう幸せの正体を見つけることができた。

今や毛のない後頭部にも、産毛が生えてきた。蜃気楼のように存在するかも怪しく弱々しい毛ではあるが、この希望の産毛を絶やしてはならぬ。さすれば精神的完全復活の日も近い。

もしかすると、読者諸兄姉にも魔都日本の迷宮で僕のような幸せに関して彷徨う子羊たちがいるかもしれない。その群れの一頭でも救うことのできる一助になれば幸いである。

第一章
自意識過剰の僕ができるまで

人生の終わり

高校3年生の夏に僕は死んだ。

今まで人生の全てを野球に捧げたのに、甲子園に行けなかったのだ。

故郷の神奈川を離れ、灯りが道端の精米所しかない田舎の極地である愛媛へわざわざ越境して、全てを野球に費やしてきたというのにあんまりではないか。

高校時代なんて人格形成において大切な時期であるはずなのに、テレビもねぇ、ラジオもねぇ、車に追われて走る日々に時間の全てを捧げて夢に届かなかったのだ。ランニングでペースが遅くならないように監督に車で後ろから追い回されるマッドマックスのような毎日が無意味になってしまったのは、オラこんな人生嫌だと思うには充分だった。


青春を謳歌する学生たちを横目に、何度も過呼吸になるまで走り込み、過酷な心身錬磨の訓練という名の苦行をこなしてきたのも、全ては甲子園に行くため。

それも、愛媛県大会のこれに勝てば甲子園という決勝戦で、サヨナラ負けを喫してしまい、あと一歩で到達するには叶わなかった。

サヨナラ負けとは上手く言ったもので、野球とのサヨナラ、人生とのサヨナラと感じた僕は、負けた瞬間に膝から崩れ落ち、ショックのあまり肉体から精神がサヨナラし幽体離脱しかけた。フランダースの犬よろしく、空から天使が迎えに来たので身を任せようと思ったけれど、175センチ80キロある身体はさすがに重すぎたようで子供の天使4人じゃ持ち上げ切れず、そのまま重力に負ける形で肉体に精神が戻ったのだった。もう少し筋トレして肉体を仕上げてからまた来ますわ、と天使たちが口にして天界に帰っていく姿は負けた自分と重なる情けなさがあった。


何一つ報われなかった。

二位じゃダメなんですか。という事業仕分け人の冷たい声が聞こえてくる。

甲子園に行くために努力をしていたのだ。ダメに決まっているではないか。

良い思い出だった、と消化なんてできるはずもない。むしろ、時間と労力を無駄にした分、収支はマイナスだ。努力の大赤字で火の車。首も回らない。

「頑張った時間が宝物だよ」だなんて上っ面を撫でただけの言葉を口にしてくる人がいたら、「だったら電柱に向かって僕は馬鹿です、と100回叫んでみろ」と命じながらビンタをしてやろうと思う。

僕は、総計すると万単位で自己否定の言葉たちを電柱に叫ばされてきた。時折、電柱の方が不憫に思ったほどである。電柱も耐えかねてピサの斜塔の如く傾いてしまったとか。


気がつけば、女子マネージャーと乳繰り合っていた他校の野球部連中に幾夜も呪いの言葉を唱える怪物になってしまった。「お前らが乙女を両手で抱いている間、こちとら丸太を抱いて走っていたというのに、同じように野球頑張ってました、だなんて顔するな！恥を知れ！」と虚空に吠える生産性のない日々を過ごすようになったのはこの頃からだ。

体毛に妖気を帯び、目つきは野獣の類いになり、およそ人里に住む知的生物とは思えぬ雰囲気に身を包むようになっていったのだった。

普通ならば、返事に気合いが入っていないという理由で、何時間も指導者や上級生から正座を強いられることはないだろう。僕はある。

バンザイ正座といい、両手を真上にあげて正座をする罰があるのだけれど、これが堪えた。3時間超えた辺りから修行の域に達して、悟りが開いたり閉じたりパカパカと開閉したこともあった。なんなら、ちょっと出てきた悟りと目が合って、会釈まで交わした。

僕の見た悟りは人間の形をしていて、ゆるくパーマを当てて毛先を遊ばせているチャラついて見える類いの者だった。その悟りは何かを僕に向かって伝えようと話しかけてきたけれど、よく聞き取れなかったので「腹から声が出ていないから上級生にウサギ跳びさせられるよ?」と口にした。

その言葉を聞いて上級生からまた愛の鞭が飛んできたのであった。散々である。

もう悟りとは二度と顔も合わせたくない。

ある日、練習が終わり、グラウンドから寮に帰る道中で、学生たちがマクドナルドで楽しそうに話をしているところを見かけたので、自転車を止めた。

羨ましかった。

朝から晩まで野球漬け。寄り道も買い食いも許されぬ囚われの身である自分と彼らを比較して「こんなの懲役じゃねぇか」と口にしたのだった。

高校の青春時代丸々懲役3年。一体僕が何をしたっていうのだ。野球罪はこんなに重い懲罰が科されるものなのか、と自分で選んだ道だというのに、次第に誰かを責めずにはいられない精神状態になっていた。

結果、部活動をしていない人間を責めて恨んだ。放課後にマックに行くなんて許せない。家で粟や稗でも食べて慎ましく暮らせ！と路上で吠えた。

練習中の一つのミスで、コーチから3日間ずっとウサギ跳びをするように命じられたこともあった。

朝からグラウンドに行って全体の練習が終わるまでウサギ跳びをし続けていたあの時は、兎よりもウサギ跳びをしていた。兎が僕のことを見たら、あまりにも勇猛に跳び続けているのでたいそう雌からモテたに違いない。

2日目の半ばからあまりにも辛過ぎて泣きたくなったが、ウサギがどう鳴くか分からないので「キュン！」と当てずっぽうの鳴き声を発しながら泣いたものだ。集まってきた雌兎も一気に散っていく情けなさであった。

もちろん、数々の蛮行は時代の移り変わりで淘汰され、今はその悪習は一切無くなったけれど、その当時の異常さを挙げると枚挙に暇がないのでこの程度で止めておく。

けれど、その異常な環境にも耐えてこられたのは、その先に甲子園という舞台があったから。僕は、その場で活躍する選ばれし人間であることを信じて疑わなかった。だから、サンドバッグにだって兎にだってなれた。アザラシやミミズにまでなった経験もある。

人間性を捨ててまで挑んだ末に聖地へ行くことのできなかった事実は、世の中の全てに絶望し、今まで信じて生きてきた道のりが無意味だったと思うのには充分過ぎる出来事だった。

ここで得た僕の教訓は〝努力は報われない〟ということだ。

やっても、できなかった。

甲子園を賭けた愛媛県大会の決勝戦でサヨナラ負けを喫し、夏が終わった僕は、生きた屍。もはや生きる意味などなかった。アイデンティティの崩壊である。

努力をして残ったのは、鍛えすぎてデカくなった筋肉質の肉体のみ。

その分厚さから冷蔵庫と見間違えられ、僕の身体を開いてコーラを冷やそうとする輩もいた。身体をいくら弄っても取っ手がどこにもないので、不良品かよ、と捨て台詞を吐かれたけれど、誰かの役に立つのであれば人体改造して体内に冷蔵器官を内蔵することも検討する程には正気でない状態であった。

高校球児を対象に行われる身体能力テストのようなもので1年生と2年生の時に全国1位の記録を出したことがあった。その瞬間は嬉々としていたものの、野球というアイデンティティが失われてしまって以降、その肉体は単に嵩張るだけの負の遺産と化した。辛気臭いハルクの誕生だ。

ムキムキならば、せめて湘南で人生を謳歌するサーファーたちのように浅黒くて活力に漲っていて欲しいけれど、当時の僕は活力も無く、ただ心臓が動いているだけの肉でできた人形。

業務用冷蔵庫のような大きさの僕が着られる服はアメリカサイズしかないので、恥死するほどダサい服装をしていた。


人生終わりだ。

野球もダメで、服ダサいし。身体デカいし。飲み物すら冷やせないし。

もう何も期待をしない。

夢を見ない。

願ったって叶わない。


人生を諦観するようになってしまったのはこの頃からだ。

ただ、世界が終わったと思ったのに、当たり前のように明日はやってくる。

世界の摂理であると分かっていても、毎日が来るのが信じられなかった。

当時の日記を読み返すと「甲子園に行けなかったのに、なんで日々って続くんだろう」と意味の分からないことを書いていた。人として末期だと思うけれど、僕にとっての世界は終焉を迎えてしまったのだ。

当然である。

ゲームの主人公は、死んだり負けたりしても、また負ける直前までリセットして再度挑戦できる。勇者は目的を達成するまで諦めず、ラスボスを倒すまで、戦い続ける。

だが、甲子園に限って言えば、やり直しは利かない。もう一度、甲子園を目指すためにどこかの高校へ入学しようかと思ったこともあるが、調べてみると、高校野球は満18歳以下の者でなければ野球部の試合には出られないという規則があった。高校を卒業してすぐにまた高校へ入学したとしても、ただ二度目の高校生活を送るだけの高校生活大好き変態オーバーエイジになるだけだ。

人生やり直しはいくらでも利くというけれど、僕はもうゲームオーバー。

勇者が倒された後、負けた世界がそのまま続くゲームを想像できるだろうか。もう挑戦するチャンスもないまま、目標もなくゲームを続けなければならず、世界は続いていく。二度と魔王城に挑戦することはできないのだ。

テレビをつけると、選ばれし勇者たちが甲子園で活躍していた。

僕は、勇者にはなれなかった。

そこで気づく。自分は何者でもなかったのだ。

あの頃の僕は生きる理由なんてなくて、かといって死ぬ理由もない、ただ飯を食ってクソを作るだけのマシーンであった。毎日野球漬けだった人間が、急に普通の高校生活を送れと言われても、どう過ごしたらいいのか分からないので、青春を謳歌もできない。

同級生たちと商店街の端から端まで歩いて、帰ってくるだけの毎日。

高校生活から野球を引いたら、そんな色を失った毎日だった。

野球を引退してからは、寮の近くにあるTSUTAYAが旧作1週間のレンタルが50円という、昭和初期の物価かと見間違うほどの価格設定だったので、毎日のようにDVDを借りて観ていた。本当に愛媛だけ時空が歪んでおり、昭和初期だったのかもしれない。

特にやることもないので寮の部屋に篭り、映画をひたすら観続けた。そんな中、『ドラゴン怒りの鉄拳』を観ていた時に、高岸という野球部の同級生が部屋に入ってきたことがあった。

彼とは、入部した初日からの仲であり、多くの罰と練習を共にしたウサギ跳び仲間でもあった。お互い死ぬ寸前まで追い込まれた瀕死顔をよく見合った、いわば戦友である。そんな高岸が、しばらく隣でブルース・リーの躍動を眺めたのちに「よく分からない」と口にして部屋から出ていった時、彼とは趣味が合わないなと思ったのだった。この後、彼と人生の多くの時間を共有することになるとは、当時の僕は想像もしていなかった。

この先の人生も、きっといろんな人に出会う。数多の感情を抱くことになっても、運命やらによって思いもよらない相手と長らく一緒にいることになるかもしれない縁があるということを、覚えておかねばならない。

学生生活で唯一救いだったのは、図書室が涼しいことだった。学校が終わると、空調の効いた部屋で外を眺めて、ただ時間が過ぎるのを待っていた。

虚ろな目をした野球部が毎日窓際で放心しているのを見兼ねたのだろう、司書さんが声をかけてくれ、「どうせ暇ならこの本でも読んだら？」と小説を手渡してくれた。森絵都先生の『カラフル』と森見登美彦先生の『夜は短し歩けよ乙女』であった。

ものは試しと読んでみると、これがまた面白い。司書さんに返す。すると、また別の本を手渡してくれる。次第に、学校生活を送っている間、僕は本を読み耽るようになった。

本は現実逃避になる。読んでいる間は価値のない自分を直視しないで済む。

そこから、1日1冊、多い時には2冊3冊と本を読むようになった。そうやって残り半年ほどの学生生活を、特に目標や夢もないまま、ただ現実逃避しながら過ごしていた。

こうして、生きる意味も目的もないまま、ただ時間だけが流れて大学の門をくぐることになる。

人並みの人生を知る

大学生になって驚いたのが、僕にとって全てだった野球というものは、どうやら世界にとっては然程重要なものではないということだった。

いくら野球が上手くても人間として偉い訳ではない社会が、そこには広がっていた。どれほどホームランを打てたとしても大学内では羨望の対象にならない。

同じ新入生の男に「俺は高校まで遊んできた。今まで10人以上の御令嬢と懇ろな関係になったのだけれど、前田はどうだ」と問われたので「私は高校まで野球をしてきた。今まで10本以上の本塁打を打ってきた」と真面目に答えると、ケタケタと笑われたのだった。

僕は、いつか彼を近所の公園に埋めるための長期的な計画を立てることにした。が、ヒクソン・グレイシーもかくやという肉体を有していたので、本当に命を奪ってしまいかねないため、奥歯をグッと噛み締めるに留まった。危ないところである。

そこでようやく、どんな豪速球を投げようが、甲子園に行けなかろうが、世の中からしたら大した出来事ではないことに気づいた。

僕の見てきた世界は、小さい小さい井の中だったのだ。僕は大海も知らず、ただ井の中の水の熱さに耐えていただけの不憫な蛙だった。茹で蛙になってしまっては、ずいぶん食べ応えがある肉体をしていたので、食用になる前に事の深刻さに気が付き、井戸から跳び出せたのは不幸中の幸いである。

人生とは、修練と忍耐の連続。努力の先にしか達成は待っていない。

そんな連中の中で野球漬けの生活をしてきたのだけれど、大学に行ってみたら、そのような思考の人たちはほぼ存在していなかった。

目標を定めて、努力して、掴み取る。といった思想の学生なんてゼロに等しく、特に夢も目標もない、毎日飲み会を開いて楽しく過ごしている学生たちばかり。

野球を頑張ってきたから偉い、だなんてこと一切ないのに、当時の僕は、何かに対して努力をしていないのに充実した顔をして毎日を過ごしている人たちに対して「こいつら、なんで能天気に何にも努力をせず生きているんだろう」と差別的な思想を破裂寸前までパンパンに膨らませながら驚愕したのを覚えている。

努力はするのが当たり前、という野球部時代の強迫観念だけが残って努力至上主義に支配されていたのだ。

可哀想な男である。

僕は主人公ではないけれど、こんな能天気たちとは違う。怠惰な生活を送っているくせに、満足げな顔をしてキラキラした大学生活を謳歌していると勘違いしている連中とは一緒にならないぞ、と固く決意をしたのだった。

いや、大学で青春を謳歌しようと、講義もまともに受けずヘラヘラしている連中と同じにはなりたくない、と精一杯抵抗していただけなのかもしれない。

僕は甲子園に行けなかったモブキャラだとしても、モブキャラなりの意地があったのだ。

飲み会に明け暮れる学生たちを他所に、講義を受けて家に帰ってノートにその内容をまとめる日々に明け暮れていた。

成人を迎えた頃、同級生が「前田、20歳になったんなら一緒に飲みに行こうぜ」だなんて声をかけてきたことがあった。阿呆め、僕がそんな乱痴気騒ぎに身を置くタコ野郎になんてなる訳無かろう、と口にしかけたが、ふと考えてみた。

井の中の蛙として生きてきた視野の狭さを自覚している僕は、ここで飲み会に行けば、また何か視野が広がるのでは？ と。何ごとも、否定ばかりでは成長はない。ものは試しと大学の近くにある笑笑《わらわら》という居酒屋に顔を出してみることにした。

その日もレポートをこれでもかと書き殴っていたので、少し遅れて飲み会に合流すると、店名に負けず劣らず、参加している学徒たちが笑笑していた。

そこではコールと呼ばれる、お酒を飲む人間を鼓舞する応援歌が存在していて、誰かがジョッキ一杯に注がれたビールを音頭に合わせて一気飲みする文化が根付いていた。異国だった。

「いけ、いけ」と甲子園のアルプススタンドの熱量でガブガブとアルコール飲料を飲み干す一人に全員で発破をかける。終わると、拍手喝采。それが終わるとまた次の学生がグラスのアルコールを飲み干すタイムリープに迷い込んでしまった。

海賊かと思った。

そのうち、海賊にしてはあまりにも貧弱な肉体の男性の一人が「前田も飲めよ」と声をかけてきて、自然と僕が飲む番が回ってきた。幼児が作詞作曲をした内容の替え歌で、僕を応援してくる。「飲んで飲んで飲んで」と、偏差値がアルコールで溶けてマイナスになった声援に応えて、ハイボールを一気に飲み干す。

すると、みんな嬉しそうに歓声を上げ、それを肴に酒を口にしていた。

とうとう、僕の中の何かが破裂する音がした。

「これ楽しい?」と聞くと「さいこう〜」と返ってきた。共通言語である日本語であるならば恐らく、最も高い、と書いて最高という意味で口にしていたようだった。これが、至高の時間だというのか。少なくとも、僕には微塵も娯楽性を感じることができなかった。

この場における異常者は僕の方だった。

「羨ましいな」と嫌みなく純粋に口から出た。そして、その場で帰ってしまった。支払いはしなかった。

それ以降、前田王国は国交断絶。鎖国状態になる。

国土は用賀にある2畳のアパート。

井の中の蛙、大海を知り、そして井の中へ戻る。今度は学問という別の井戸へ。もう海はこりごりだ。井の中は正しさが分かりやすく、それさえ頑張っていれば自分を肯定できるような気がして心地良い。


まるで修行のように学問に打ち込む生活を続けていると、相対的に成績が良くなっていったのだった。

高校生の頃まで、ほぼ勉強という勉強をしてこなかったというのに、受験戦争を乗り越えてきた学業戦士たちと比べて、僕の方が成績が良いのは一体何ごとであろう。他の人たちは大学生活で何をしているのだろうか。彼らの高校まで励んだ学力のアドバンテージは、こんなにいとも容易く捲られてしまうものなのだろうか。

学生の本分は学業だろう。僕よりも成績の振るわない者は等しく両膝をついて僕の前で情けないと涙を流せ!と、常に誰かに怒っていた。

実際に涙を流していたのは僕自身であるのは言うまでも無い。

2畳のアパートはいつも涙で濡れて湿度が高くスチームサウナと化していた。

アイデンティティのない自分に対する不安を他人への憤りへと変えて自我を保つのに精一杯だったのかもしれない。

ただ毎日勉強だけしても生きていけないので、アルバイトをすることにした。求人広告を見ると、学生ができるものはコンビニや引越し業者なんかが目についたが、世の中に数多ある職種のうち、時給が高い、というただそれだけの理由で塾の講師をすることに決めた。時給2500円。飛び付かない方がおかしい。涎を垂らしながら飛び付いた。

勉強を大学に入ってからようやくやり始めた人間なのに、塾の先生をしようだなんて怖いもの知らずだと思うけれど、今思えば世間知らず過ぎたから選べたのだ。当然苦労することになる。

教える、という行為は自分の持っている知識以上に、噛み砕いて言語化できる能力を求められる。そもそも僕は高校時代まで全く勉強をしてこなかった人間であるが故に、必要以上に骨が折れた。複雑骨折の日々だ。

「先生、これってなんでそうなるんですか？」だなんて何度も聞かれることが度々あるので「聞いてくんな！自分で考えろ！」と逆ギレしそうになってはグッと堪えた。真の紳士とはかくあるべきであると賞賛されるべき態度であろう。

もちろん、答えられない先生の方が悪いのは明白。答えられない自分の情けなさからくる怒りだったので、生徒のせいにするのはお門違い甚だしいし、こればっかりは自分が努力をしなければならない。

必要以上に他の先生よりも授業をする前の準備に時間がかかったのだった。物事、簡単に飛び込むものじゃない。時給の高さには理由があったのだ。

それだけ精一杯授業の準備をしても、教えている子たちの学力には差が出てくる。飲み込みが早い子もいれば、遅い子も当然ながらいる。それを等しく同じ授業で理解させ、受験に合格させる学力まで引き上げるというのは、神業に等しい。そんな偉業を一年ほど経つ頃には達成できるようになっていった。

神と呼んでもらって構わない。貧乏神ではないかという野次には耳を貸さぬ。

この塾講師としてアルバイトをしていた経験は、今の僕を形作る基礎の一つとなっている。集団授業で色々なクラスを持つことになり、毎年１００人以上の様々な学年の子供たちの授業を見てきた中で、親に無理やり塾へ行かされているせいか、塾に来てもノートすら開かない女の子がいた。

彼女とのやりとりは今でも鮮明に覚えている。

ノートも開かずにどうしたのかと問うと、彼女は「なんで頑張らないといけないのか意味が分からない」と口にした。

確かに、と思った。

僕は甲子園を目指して努力を積み重ねても意味がなかったと思った人間。「努力すれば報われる」「頑張ってみよう」「やればできる！」だなんて無責任なことは、口が裂けても言えなかった。


全体の授業が終わった後、その子と二人になり「そうだよな、やってられないよな」だなんて、先生としてあるまじきことを言ってしまった。

先生からそんなことを言われたことが珍しかったのか、その子はとても驚いていた。みんな叱ったり説得したりするのに、と呆気にとられているようだった。

「俺は死ぬほど努力してきたことあったけど、意味なかったよ」と言うと、彼女は少し心を開いてくれたのか「私もそう」と口にした。

側から見れば、若いんだからまだまだ未来は無限大だ、だなんて思うだろう。僕もまだ20代前半。彼女は10代もまだ半ば。人生に絶望するには早過ぎると、世の中の大半の人間は言う。

けれど、当の本人からしてみれば、今の自分の年齢なんて関係がない。現実に打ちのめされるのに、年齢なんて関係はないのだ。

話を聞くと、彼女は漫画家になりたかったらしく、一生懸命描いてみた漫画を出版社に出してみた結果、全く相手にされなかったようだった。

方向は違えど、自分自身の存在価値を見失い、自暴自棄に近い感情になるのは痛いほど理解できた。

彼女は僕だった。


それから、学校の成績はとりあえず置いておいて、一緒に楽しいと思えるようなものを見つけようと、授業後に、世の中で興味が持てるような時事について話すようにしてみた。

テストのために頑張らないといけない、という圧力がない環境では、彼女も拒絶反応が起きなかったのだろう。塾では無気力で遅刻して入ってきて時間が終わったらすぐに家に帰っていった彼女も、だんだんと塾にいてくれるようになる。そしてそのうち、彼女は、美術史だったらなんだか楽しめるかもしれない、と乗り気になるようになっていった。

もちろん、僕は美術史なんてからっきし。けれど、彼女に自分を重ねて、ちょっとでも未来に希望が持てるならばと思い、美術史を勉強して、なるべく面白く教えられるように努めた。

結果、学ぶということに抵抗がなくなった彼女は、次第に他の勉強もするようになっていったのだった。

きっと、人間に必要なのは自分の内側から出てくる動機。

徐々にではあるけれど、生き生きしていく彼女を見て、なんだか今の自分を救ってあげられたような気持ちになった。

最終的に、絵にまつわる仕事に興味が出てきた彼女は、それに関連するような学校に行くために自ら勉強するようになった。

今はまだ見つからないけれど、僕もいつか彼女のように内側から出てくる声があれば、その声に気付いて育てねばならない。そう思った。

モラトリアム

大学3年生の頃に、彼女ができた。

大学生活という人生のモラトリアムで勉学にばかり精を出していた僕に、人並みの光が差した瞬間だった。

彼女は同じ学部の同級生で顔見知り程度だったけれど、ゼミが同じになり、互いに法曹界を志していたことが判明し意気投合した。それを契機に、講義が終わると二人で勉強会をするようになって、懇ろな関係になった。勉強と乳繰り合うよりも有意義な時間があるのかと、雷に打たれた衝撃を全身に浴びて丸焦げになったのだった。

コロコロと笑う向日葵のような子だった。

彼女とは罪刑法定主義について語りながら夜を明かしたり、家庭裁判所まで裁判傍聴に行ったりと、何の変哲もない、ごく普通の大学生らしいデートを重ねたものだった。ベタ過ぎて口にするのも恥ずかしい。

コンビニのトイレが女子トイレと、男女兼用の2つであるのを見て「排便の権利が男女で不平等だ、憲法違反ではないか」だなんて口にすると大抵の人間は「五月蝿い」と一蹴するところ、彼女は「排便の権利とはなんぞや」と一緒に生産性のない議論をしてくれるところが好きなところだった。

排便の自由、というフレーズが過去の裁判の判決文に存在しないか一緒に探していた時は、さすがにどうかしていたと言わざるを得ないけれど、僕にとっては、後にも先にも、という、そういった類いの人だった。


そんな相手と懇ろな関係になったのだ。人生も野球も同じ、好球必打である。

毎日、どちらかの家や近辺の喫茶店で会うので、一層のこと、同棲でもしないかと提案しようと決心したのである。

けれど、本心を吐露することが苦手な僕は「あ、あのさ、毎日一緒にいるじゃん? どうせなら、あの、えっと」と挙動不審になってしまった。それを見兼ねて「同棲する?」と彼女から提案してくれた時には、「じゃあ、そう言うなら、そうしよっか」だなんて強がってダサ格好悪い返しをしてしまったのだった。

こんな男と一緒にいたのだから彼女は大したもんだ。褒めてやろうと思う。


それからは、毎日一緒にいた。

彼女は心根も優しく、僕が世の中に対する浸かり過ぎた糠漬けほど酸味いっぱいの怒りを室内でぶち撒けても、理解を示しながら明るい笑顔で答えてくれるので、大いに救われた。

そんな彼女が、共に起臥寝食する家へネイルをして帰ってきた日があった。

「ネイリストの人にお願いしたのだけれど、学生の懐事情には大打撃だ」と彼女は言った。続けて「今度は裕太が塗ってくれない？」と口にした。裕太とは何を隠そう僕のことである。

僕は、この彼女の爪を塗って欲しいという一言に奮起することになる。

前田よ、できる彼氏である姿を見せつける好機だ。散々情けない姿を見せてきたのだ、濯ぎきれぬほど泥に塗れた汚名を返上するのは今である。前田の夜明けは近いぜよ。と、彼女の中にいる前田像を維新すべく猛り立った。

恋は盲目という言葉があるが、むしろ完全に心眼を開化した僕は、国立図書館に足繁く通い、爪の歴史を紀元前3000年の古代エジプト文明まで遡り勉強した。

最初はシンプルな単色マニキュアから始まり、修練を重ねてポリッシュにジェルネイルにネイルチップと彼女の爪を彩る術を身につけていった。これがまた彼女は罪な女で、爪を仕上げる度に大層喜んでくれるものだから、メキメキと腕をあげていったのだった。


彼女は身長が低かったこともあり衣服に困っていたので、ワンピースを作ってあげようと策略を巡らせたこともあった。

服が無いのであれば僕が作ればいい。そして僕の作った衣服に身を包むことで、彼女の脳は常に僕を意識せざるを得なくなるのだ。

爪を支配した後は衣服を攻める。我ながら完璧な計略である。

世が世であれば一国一城の主人になっていただろう。平成に生まれたのが惜しい。生まれた時代を間違えた。

それから僕は国立図書館に通い、3世紀に始まった裁縫の歴史から頭に叩き込んだ。

知識は武器だ。バルカン半島よろしく知識の武器庫である国立図書館には知識の全てが集まっている。西洋や日本の針仕事など、あらゆる武器を搭載していった。

1ヶ月も待たずにインプットを終えた僕は、自信を持って「我は縫い物サイボーグなり」と口にできるほど満を持した仕上がりになった。

いよいよ出陣の時だ、と心の角笛を高らかに鳴らし、一生縁がないと思っていたユザワヤに通い詰め、ワンピース作りに着手したのだった。痩せ細った財布も安いミシンとマリメッコの布を購入したことで瀕死寸前。けれど、僕はやると決めたらやる男なのだ。財政破綻も厭わない。

ただ、道具が揃っても、肝心なサイズ感が分からなければ仕方ない。思い切って彼女に「身体を採寸させてもらえないか」と懇願したのだけれど、これがひどく困惑された。

急にどうしたのだと正気を疑われながら問われてもサプライズで服を渡したかった僕が「堪えてくれ。これは必要な行為なんだ」と食い下がると、首を傾げながらも許諾してくれた。

困惑されようが中止はあり得ない。我は、平成に生を受けた世紀末覇者拳王なり。

ミッション遂行のためには手段を厭わず顧みず、敢行せねばならぬのだ。

目的も言われずに全身をくまなく採寸されている時の彼女は戸惑いを隠せていなかったが、その数値を計測しただけあって、縫い終わると、我が生涯に一片の悔い無しと拳を天に突き上げるほど、完璧な仕上がりだった。


プレゼントした時には、彼女は満面の笑みで喜んでくれたので、これまでの苦労が報われたように思えた。

渡すと嬉々として「今着る！」と、その場で着替えてくれた。半ば人間性も捨ててサイボーグと化してミシンと一体になり衣服を仕上げたのも報われた瞬間だ。

本当に良かった。

ただ忘れていたのは、僕が持っていたのは頭でっかちの知識のみで、技術力がゼロだったということ。繊細な作業を求められる裁縫で、僕はワンピースの左腕の袖を細く縫いすぎてしまい、彼女は片腕が通らなかったようだった。

着替えてくれたのだけれど、左腕だけ袖から出せずにいる状態で僕の目前に出てきた彼女を見て、僕は何も言えなくなってしまった。同じように彼女も沈黙を守った。

まるでお通夜のような二人とも何も言葉を発しない時間が続いた。

爪が甘い。指先を舐めてみたら練乳を発酵させた味がしたので、仕上がりの甘さは当然である。

しばらくして彼女は腹を抱えて笑ってくれたのだけれど、あまりにも情けない僕の姿を見て、笑わざるを得なかったのかもしれない。それ以降、誰かのためにミシンを振るうのはやめることにしたのだった。


彼女に限らず、大学が違うのだけれど、高岸の大学で出たレポートを僕が代わりに書いてあげたこともあった。

「商法のレポートが分からないんだけど」だなんて口にするものだから、法律を齧っただけの大学生ではあるものの、今や手元に残った唯一と言っていい得意分野の話に僕の血が騒いだ。我が右腕に任せろ、後世に語り継がれる名作を書き上げようではないか、と丹精込めてレポートを書き上げたのだった。

満を持した仕上がりを提出すると、高岸はその課題だけ異常に評価が高くなってしまったので、誰かが代筆したのではという疑いの目を向けられたらしいのだけれど、それはもう得意げな気持ちだった。

今思うと当時の僕は、誰かに喜んでもらうことでアイデンティティを獲得しようとしていたのだと思う。自分には何もないから、せめて誰かのために自分の持っているものを注力することで、空虚で無力な自分から目を背けようとしていたのだ。目を背けて誰かに尽くす時間は、それはそれは楽だった。情けなく見るに耐えない自分を直視しなくていいのだから。

自分で自分のことを責任を持って決めなくとも、周囲が自分の力で笑顔になると、なんとなく幸せだと思えるのだ。

一人でいても特に生きている意味はない。けれど誰かのためならば。

そう思えていることは何もないよりもマシだったけれど、自分の人生という観点から見たときに、自らと向き合うほどの器量も当時は持ち合わせていなかっただけだったのかもしれない。

まずは自分の幸せを考えて、その先に他者との関わりがある。そして、その先に〝自分を含めた〟みんなが笑顔になるように努めるべきだった。

そんなことが分かるようになるまで些か時間を要したのだった。

彼女は最終的に就職で地元の鹿児島に帰ることになり、別れることになったのだけれど、それはもう大層泣いた。体内の水分を全て絞り出してもなお涸《か》れることのない涙は、大海を作り、海面を5メートル上昇させてオランダを水没の危機にまで追い込んだ。自分を支えてくれていた精神的支柱を失ったのだ。成人した大人であっても、そりゃ泣いて然るべきだと思う。

僕はこの時期のことを、青春と呼ぶことにした。

もう一度、夢を見てもいいかもしれない

僕の大学生活を因数分解すると、大学で勉強、法律研究サークルで勉強、司法試験の勉強、左手による自己研磨、残りは塾や飲食店などでのアルバイトに分けられる簡素な4年間だった。

高岸と会った時に「日本一の学食だ」だなんて豪語するものだから、一度彼の通う東洋大学の学食へ食事をしに行ったことがある。

今振り返ると、肩の力を抜いて毎日のように遊ぶ期間があっても良かったと思うけれど、そんな些細なことが娯楽であり息抜きになっていたのかもしれない。

ただ日本一の学食とは何だったのか、未だに謎である。まあ、美味しさよりも集まって近況報告をしあうことに意味があったのだと飲み込んで、訴追するのはやめておこう。

司法試験に関していうと、毎回一次試験は通るものの、二次試験が通らなかった。一次試験で全体の10％程度しか通過することができず、二次試験で更にその中の10％程度しか通過できない。つまり、合格率が1％程度という狭き門どころか閉門している城の壁を無理やりよじ登って合格しなければならないレベルのラスボスが立ちはだかっているのだ。その結果、毎年戦ってはあと一歩足りず見事に散る日々を送るはめになっていた。

そんな中、ゼミの教授から、法科大学院に進学してそのまま法曹の世界に行ってみてはどうか、という提案を受けた。

4年生になった頃からアルバイトをしている塾が声をかけてくれていたので、大学卒業後は塾講師の道へ進むこともできたし、インターンシップで実務を勉強していた法律事務所にそのまま就職という道もあったけれど、せっかくここまでやってきたのだ。このまま大学院に進学して司法試験に挑み続け、弁護士の道を歩んでみてもいいかな、といよいよ未来を見越した人生の選択をすることになる。

司法試験と並行して大学院へ進学するための勉強もして、大学院進学のために人生初めての受験をすることにした。

結果、4校から合格判定を貰い、そのうちの3校から学費免除での進学を許してもらえることになった。

これは我ながら凄いことだと思う。勉強という勉強は大学でようやく始めたというのに、戦果は上々過ぎると言って良い。華のキャンパスライフを勉学の業火で焼き尽くした甲斐があった。

野球をしていた時の異常な努力を法学に向ければ、高校までほとんど鉛筆を握らず金属バットばかりを握ってきた人間でもある程度の結果を出せるのだ。

僕がクラーク博士のような立場になるのであれば「少年よバットを握れ」という言葉を残そうと思う。その握り方が身に染みている人間は、バットを違うものに置き換えても結果を出せるようになるのである。

誰かこの言葉と共に銅像を立ててくれることを祈る。できれば、目立つ土地で。

こうして、大学院へ進学するという人生初の受験戦争に見事勝利して、進路を掴むことに成功した。大学の卒業アルバムなど無いけれど、もし卒業写真を撮ることになったら、馬に乗ってナポレオンと同じポーズをしていただろう。
それほど誇らしい気持ちになった。

高岸が、大学野球を引退すると「消防士に興味がある」というから、消防士になるための試験の問題の解き方を教えてあげたりもした。

我ながら本当に面倒見の良い男である。ファザーテレサと呼ばれて然るべき善行である。ゴッドファザーとでも呼ぶと良い。

当然、僕に消防士試験の事前知識はないため、過去問をひたすら解き、傾向と対策をまとめて、彼にも理解ができるようにプリントに手順をまとめて教材にした。これに関しては塾講師の経験が生きた。こんな形で生きることになるとは経験側も思っていなかっただろうけれど。

きっと、この時であれば僕も消防士の試験に受かっていただろう。もしかしたらそんな未来もあったかもしれない。

ただ、手持ち花火ですら鎮火することを面倒だと思う怠惰な人格である僕には向いていない職種であることは火を見るよりも明らかなので、彼を消防士にするだけで充分。僕の代わりに大いに世の中の火を消してもらうことにした。

高岸に過去問や制作してきた問題を解いてもらい、試験突破のコツを教えて「これが理解できねば合格できない」と発破をかけている時は「一体僕は何をしているのだろう」「一体、何者なのだろう」だなんて思ったりもしたけれど、僕自身、既に大学院への進学も決まっていたし、気楽に楽しく勉強を教えていた。

そんな高岸が、一緒にお笑い芸人にならないか、と誘ってきた。

青天の霹靂だった。

高校時代、野球部引退後は時間を持て余していたので、放課後に高校の隣にあるコンビニのイートインスペースで二人でラジオごっこをしていた。紙ナプキンをお便り代わりにして、架空のお便りを読んでは笑っていたあの時は楽しかったし、将来は芸人になってこうやってラジオができたら楽しいな、と思った瞬間もあった。

けれど、消防士は?

ついこの前まで消防士になるための知識を与えていたというのに。

お前さんは一体何を考えているのだろうか。と、あまりにも唐突な提案に驚きを隠せなかった。知識を一気に飲み込ませ過ぎて酩酊状態になっている疑いすらある。

一体どういうことなのか高岸に理由を聞くと、東日本大震災の時に復興支援を精力的に行っていたサンドウィッチマンの活動に感銘を受け、自分もそうなりたい、と思ったようだった。

僕が高校に入学して間もない頃、親元を離れ入寮して最初に仲良くなったのが高岸だった。その時にM-1グランプリで優勝したのがサンドウィッチマンであり、僕らは「サンドウィッチマン見た?」だなんて会話で入寮初日に盛り上がった。そのお笑いコンビが、東日本の震災被害に精を出して尽力し、復興支援をしている姿が、彼には強烈に印象に残っていたらしい。

動機としては、素晴らしいと思う。幸せそうな連中に唾を吐くことにばかり精を出していた僕とは雲泥の差である。

僕自身、お笑い芸人という職に従事している人は好きだった。なんなら憧れを持っていた。バラエティ番組もテレビに齧り付くようにして見ていたし、時折、本当にテレビに齧り付いて歯形を残したほどだった。

司法試験の勉強をしている時はあまりにも孤独だったので、芸人のやっているラジオをつけて、笑いながら試験対策の友にしていた。そんなお笑いに救われた経験がある身からすると、高岸からの誘いは驚いたものの、提案としては悪くないのでは、と思った。


弁護士になってお金も持った状態で、自分の法律事務所を持つ将来を思い浮かべる。スーツに身を包み、弁護士バッジを胸に光らせ、弱者を救済する。企業相手に、大きなプロジェクトを動かして富を得る。良い未来に違いない。法曹界からも両腕を広げて優しく抱擁されているような気がしてならない。その温かみに安心感を覚え、僕も抱き返して相思相愛である姿勢を示していたので、安定した未来を想像するのに容易かった。

一方で、テレビカメラに囲まれて収録をしたり、舞台でお客さんを笑わせる芸人の生活を想像する。眩いスポットライトを浴びて、幼少期に見ていた芸人と番組の収録をする。その光景の中にいる自分は、キラキラしているように思えた。

中学生の頃に見ていたテレビで活躍していた芸人の勇姿を思い出す。野球漬けの生活の中で、バラエティを観ている時間は少ないオアシスだった。あんな世界でもし活躍できる未来があるのなら、僕も僕自身のことを好きになれるかもしれない。

そんな妄想をしていたら、野球を辞めて以来、初めてワクワクした。単なる動悸かもしれないけれど高校時代ぶりに心拍数が上がったのだった。

芸人の深夜ラジオを聴いて耳の向こう側の存在に憧れを持っていた僕としては、勉強中の僕が救われたように誰かを救うことができたら、どれだけ楽しいだろうか。路傍の石だと自分のことを思っていたけれど、もしかすると、僕も輝く星々の1つになれるチャンスなのかもしれない。

そう思った。


芸人と弁護士。

この二択で頭を悩ませることになる未来が来るなんて、誰が想像しただろうか。

児童の頃には、野球選手になることしか頭になかった人間が、数年でここまで描く未来に変化が起きることになるとは。

野球を諦め、全てに絶望して生きてきた僕だけれど、芸人という選択肢の先にある未来を考えた時に、野球選手の道を吐瀉物を口から垂れ流しながら懸命に走っていたあの頃のように、僕は何者かになれるのかもしれない、そう思ってもいいのかもしれない、という胸の高鳴りがあった。

そして、彼とであれば芸人という道は楽しいだろう、と思って「進学は決まっているので、大学院に行きながらでも良いのであれば」と誘いに乗り、一緒にやることにした。

明日が、少し明るく見えた。

第二章 始まりは高円寺にて

社会の底辺

高岸と池袋のマクドナルドの2階で会い、隅で秘めごとを嗜むようにサンドウィッチマンさんの所属しているグレープカンパニーのホームページを見てみた。

そこには常にオーディションを開いている旨が書かれていたので、僕らは早速オーディション用紙をコンビニで印刷して、欄を埋めていった。

好きなテレビを書く欄があったので僕が〝薄型〟と書くと、高岸が「そんな適当で大丈夫?」だなんて心配そうに言っていた。けれど、法律を勉強していた身からすると文章は正確に書かねばならないとキツく調教されてきたので、好きなテレビ番組を聞きたいのであれば「好きなテレビ番組は?」と問う欄を用意していない事務所の落ち度である。この回答で落とすような事務所の偏差値なのであればこちらから願い下げだ、と謎の強行姿勢を貫いた。

その調子でオーディション用紙を書き終わって、他の必要書類を見てみると、二人の写真を添付しなければならないと記載されていた。

本来であれば、きちんとした服装で二人並んだ姿を写真に収めるべきなのだけれど、世の中のことをよく知らない僕らは、スマホを取り出して内側のカメラで二人くっついて写真を撮ったものをコンビニで印刷し、「これで完璧」と満を持して同封したのだった。

どう考えても舐めている。オーディションに送る写真が自撮り写真で良い訳がない。しかも、東武百貨店の階段で片手間に撮影したものである。

およそ、これから所属しようと意気込む若手の人間の態度ではないし、その場で適当に揃えた書類で受かる訳がない。自分のことながら、これで受かるようであれば事務所の方がどうかしてるとしか思えなかった。


後日、事務所がどうかしていたので、オーディションに合格した。

晴れて所属事務所が決まり、芸人になることができたのだった。

僕たちは、自分たちのことを可能性をパンパンに詰め込んだダイヤの原石であると思い込んでいたので、所属できて当然だという自負があったけれど、今思えば、こんな野良が二人押しかけてきても追い返さずに所属させる決断をしたのは、英断であり器の大きい事務所とも言えるし、能天気かつ気の迷いで決断をするお気楽事務所とも言えるだろう。その両方の印象は、今もなお、持ち続けている。

ただ、芸人としての帰属先が決まったとて、蓋を開けてみれば何か劇的な変化がある訳ではなく、日々特にやることもない。活動と言える活動は月に一度の事務所ライブのみだった。

その事務所ライブも新宿の地下にある、光が入ってこないのにネズミや害虫は出入り自由である退廃的な会場で行われるもので、お客さんは毎回2、3人程度であった。会場内は、野鼠の方が多く数を集めていた。

ここが僕らのマサラタウンになるんだ。ここから我々の快進撃が始まるぞ、と意気込んで練習してきたネタを披露したのだけれど、たった3人のお客さんの1人も笑わせることができなかった。

3分のネタの間で聞こえるのは僕らの声と換気扇の音だけ。二人で喋っている間、

お客さんが死んだのかと思ったくらいだ。か、もしかしたら僕らが死んでしまってい
て、声が聞こえなくなっているだけなのではと錯覚した。
でも、僕らの出番が終わり他の芸人がネタをやると息を吹き返したかのように笑っ
ていたので、客席で絶命した訳じゃなくて単にネタが面白くないだけだったのが露呈
したのだった。

悔しかった。そして情けなかった。

あれこれネタを試しても、毎月のように換気扇が鳴り響くだけの状況が続く。換気扇の音を聞くたびに、舞台上でスベッている光景がフラッシュバックするほどになり、飲食店でも換気扇からなるべく遠い席にいつも座るようになった。

法律の試験であれば、正解を覚えて暗記した内容を紙に書けば点数がついて評価されるという簡単なものだったけれど、一生懸命考えて練習したネタも笑いがないと「お前は0点だ」と客席から言われているようで、奥歯を強く噛み締める時間ばかりが長くなっていった。

歯医者に行って「奥歯が歯軋りで擦り減ってますね」と言われた時、ネタがスベり

すぎたのが原因であるということは恥ずかしくて口にできず、必要のないマウスピースを作ってもらったことがある。寝ている時の自分に責任をなすりつけ自尊心を保つ他なかったのだけれど、それ以降、つける必要のないマウスピースを今も寝る時に口にはめて寝ている。

ネタ合わせをするにも、大学院の勉強もあってバイトもろくにできない僕は、とにかくお金がなかった。必要のないマウスピースも作ってしまったし。

しかも、東京の売れていない芸人がライブに出るにはエントリーフィーと呼ばれる参加費をコンビで2000円程度払って出演しなければならなかった。これが懐事情には大打撃だった。

なので、必然的にお金のかからない路上で漫才をするようになっていった。

段ボールに〝漫才やってます〟と殴り書きした看板を立てて路上のスペースでマイクも立てずに練習したネタを披露していた。

ただ、当たり前だけれど、見てくれる人はいない。

池袋の少し広めの空間を見つけて、そこで二人で漫才をしていたのだけれど、交差点のすぐ近くだということもあって、人の流れがあって立ち止まりにくい場所だったのも悪かったかもしれない。でも、考えなしの僕らはネタをやる場所さえあれば、という気持ちで通り過ぎゆく人に向かって無差別にネタをぶつけ続けた。

誰も足を止めてくれない中、奇跡的にビジネスマンが立ち止まってネタを見てくれたことがあった。足を止める人なんていないものだから、僕らはここぞとばかりに作っていたネタをやり続けていたのだが、一通りネタを見た後、特に笑ってはいなかったけれど「良かったよ、頑張ってね」と言ってくれたのだった。

その一言は、舞台でも笑いが起きていなかった僕にとっては大きな出来事だった。「今度は」、そう言った後、少し恥ずかしくなってしまい「今度は笑わせます」という言葉を飲み込んでしまった。

小説やドラマの類いであれば、力をつけた後にまたそのビジネスマンとの邂逅を果たし、大笑いさせることができるだろうけれど、現実はそうもいかない。そこからネタを改善させ技術を上げて路上漫才を続けても、そのビジネスマンと再び会うことはなかった。

ここで得た教訓は、目の前のお客さんと二度と会えないかもしれないと思って、悔いを残してはならないということだ。

最初のうちは二人でファミレスに集まってネタを書いたりしていたものの、高岸から「書けない」との申し出があったので、「じゃあ俺が全部書くわ」とネタを全て書くようになっていった。

こうなると、以降は笑いが起きない原因はネタを書いている僕の責任となる。技術が足りないのも当然あるけれど、一生懸命考えても舞台で笑いが起きない情けなさで我が身を野鼠の餌にしようと幾度も思った。僕のような無能は都会に捨てられた生ごみと同等なのだ。いっそひと思いにドブネズミたちよ食らってくれ！と願った。だが、残念ながら肝心の野鼠すら忌避する辛気臭さにより、生き物は近寄りもしなかったので鼠の餌にすらなることもできなかった。

幾夜枕を涙で濡らしても、すぐに面白いネタが書けるようになる訳もなく、だらだらと自堕落に、時折自暴自棄になりながら毎日を過ごしたのだった。

暗い新宿の地下にある会場でネタをやり、大学院で勉強をしていたけれど、いつの間にか、大学院に行ってもネタを書くようになった。

同じ大学院の同級生が「刑法各論の試験そろそろだけど調子どう？」と聞いてきた時に、そこでようやく試験の日が近づいてきていることを知る始末。

ラーメン屋の店主が如何に奇天烈なことを言うか頭を悩ませていた僕は、ネタ帳にアイディアばかりを書き込んでいて法律の知識なんて頭に入らなくなってしまっていた。勉強できていない、などとは、授業料を免除してもらっている特待生である以上口にできない。かといって嘘をつくのは良心に背くので虚偽の申告もできない。

結果として同級生に対して「お楽しみに。うふふふ」だなんてサザエさんの次回予告のような返答をしてしまった。弁護士を志す人間の回答で言えば、問いに対して何ら答えていない0点の返しだったけれど、苦肉の策だった。

「勉強もほどほどにね」と言われ、全く勉学などに打ち込んではいないのだけれどなあ、と心の中でそっと答えたのだった。

最早、弁護士としての資質はゼロ。敗訴まっしぐらである。

今まで人を笑わせるためにネタなんて書いたことがなかったので、基本的には大学院が終わって高岸と会っても、すぐに新しいネタができる訳もなかった。

本当であれば、コンビが会ったのだから既にあるネタを合わせて練習するべきなのだろう。けれど、高校からの仲の人間が会ったのだから、とりあえずキャッチボールでもしようか、という流れになっていった。

プロ野球の話をして、キャッチボールをして、日が暮れてきたので解散する。大学院では完成しないネタを延々とこねくり回す。

そんな日常だった。


次第に、大学院にも行かなくなっていった。ネタを書くのに、わざわざ大学院へ行く必要がないと分かってしまったのだ。

その代わりに、高岸とのキャッチボールをする時間が増えた。高円寺にある公園で遠投をして肩を本格的に温め、ピッチングをする訓練を繰り返し、球筋を日に日に力強くして変化球にキレを出していったのだった。

暇すぎて、川を挟んで二人で糸電話をしたりしたこともあった。

糸を伸ばして川を挟み「もしもーし」と言って、紙コップに耳を当てても何も聞こえない。散々工夫を凝らしていたら日が暮れて「あんまり聞こえなかったね」だなんて、聞こえたところで何の意味もないのに、小学生のような遊びをして帰宅した。

一体、貴様らは何歳なのだという遊びも、時間を持て余していた二人にはちょうど良かった。単に現実から目を背けているだけなのだけれど、決して僕はそう思わないようにしていた。現実から目を逸らしている割に楽しかったし。

ただ、確実に人類の中でも底辺。

志も低く、社会の底を這うような低空飛行で毎日を過ごしていたのだった。

再起

箸にも棒にも番組のオーディションにも引っかからない毎日を過ごしていると、同じ事務所の先輩であるサンドウィッチマンの伊達さんと富澤さんが、単独ライブを手伝ってくれないかと声をかけてくれた。

サンドさんは毎年、全国の都市で単独ライブをやるのだけれど、そのサポートとして僕たちも一緒に全国各地を回らないかという提案を受けたのだ。

毎日やることもなく無闇矢鱈に呼吸をして酸素を消費しＣＯ２を排出するだけの環境汚染マシーンと化していた僕らとしては断る理由など一つもなく、二つ返事でその年の単独ライブに付いて回ることにした。

これは絶好の機会である。普段出るライブは１人２人のお客さんを相手に演者が10人を超えていた。たった数名の客席に大勢の芸人が齧り付く様はハイエナの狩りそのもの。統率が取れている分、ハイエナの方がマシだ。そんなサバンナ出身の底辺芸人が、大勢のお客さんがいる場に立てるというだけでも貴重な経験になる。

陰鬱とした荒地で過ごしている身からすれば客席が埋まっている会場というだけでオアシスなのだ。

我々は物理的にも精神的にも飢餓状態。

ウケればの話だけれど、先輩の単独ライブは豊かな地へ行ける切符のように思え、胸躍らせ2畳の家で一人小躍りしたのだった。


したがって、当然のことながら単独ライブの手伝いをするため、大学院を長期間休む必要が出てきた。

休学である。

もはや大学院に行く理由など、飲み残して氷が溶けてしまった飲むに耐えないカルピスと同等に希薄化され、キャンパスには顔すら出さなくなっていた。したがって、何ら罪悪感もなく休学の申し出をしたのだった。

同級生からしたら、大学院まできて出席日数に気を揉む人間が現れたことに呆れてものも言えなかっただろう。世間で休学する理由なんて海外に行く以外に挙げられない。おそらく芸人活動を優先するために大学院を休学したのは僕が人類で初めてであり、類を見ない阿呆であると言われて然る決断である。

大学時代と引き換えに身に付けてきた知識を可燃ゴミへ投擲《とうてき》し、頓馬街道を進む者など後ろを振り返ってみても僕一人。単騎にて一心不乱に阿呆の花道を邁進していく所存である。


ただ、大学院には休む旨を伝えたけれど、親には休学のことを言うことができなかった。弁護士になると決意表明し、法律事務所でインターンをして大学院に進学している僕がもし「芸人やるわ」と人生のギャンブルに身を投じる旨を口にしたら、両親ともに驚愕して彼方へ飛んで行きかねない。

加えて「ってか、もう芸人やってるし事務所に所属もしていて今度サンドウィッチマンさんの単独ライブツアーのお手伝いをする」だなんて口にしたらその衝撃で大気圏を抜けていき宇宙の藻屑となるだろう。両親を夜空の星々にする訳にはいかない。

したがって、芸人をやっている、ということは親に一言も言うことができなかった。

今、両親の命があるのは僕のおかげである。

地球で生きられていることに親には感謝してもらいたい。

閑話休題。

どこの地へ行こうと1000席を超える規模の会場にお客さんがサンドさんを目当てに足を運び、目一杯席が埋まる。冷静に見れば小太りのおっさん二人を見るために、一箇所に人間が集まる光景に異様さを感じざるを得なかったが、僕らもこうなりたい、と羨望の対象となる体験をすることになる。

単にライブの手伝いをするだけに留まらず、各地で行われる単独ライブの前に我々が前説をやらせてもらうことになった。

僕らのことを知らない大勢の人と対峙して、開演に向けて場を温める。池袋でビジネスマン1人しか足を止めることができなかった人間からしたら、失禁ものである。

実際、初めて1000人以上のお客さんを前にした時は慄いてペットボトルのキャップ1杯程度の尿を漏らした。全然ウケなくて舞台袖に戻ってまた1杯分漏らしたのだった。

読者諸兄姉から蔑む目を向けられかねないが、むしろキャップの量しか漏らさずに済んだ僥倖《ぎょうこう》を讃えてもらいたい。常人であれば尻尾を巻いて実家に帰省してしまうだろう。


僕らのことを目当てにきている訳ではない大勢の人間を如何にして笑わせるか悩み、単独ライブツアーの期間は骨を折った。

文字通り、骨を折って笑ってもらえれば全身の骨全てを差し出していたが、それで喜ぶ荒くれ者が集まるライブでもなく、見苦しい姿を大勢に見せながら色々と笑わせる手段を模索していったのだった。

悪戦苦闘すること数ヶ月。各地で前説をやらせてもらうようになると、次第に慣れていき、最終的にちゃんと笑わせられるようになった。

歴史的快挙である。

満足のいく状態まで盛り上げられた時には、歓喜のあまり「見ました？」とスタッフさんを見つけて具に勇姿を刮目していたか確認して回ったのだった。

単に前説が一人前にできるようになっただけで、芸人として一人前になれたように喜んでいたのは情けない話だ。ただ、その一歩は小さな一歩かもしれないけれど、僕にとっては大きな一歩、いや、日本縦断するほどの距離を猛進する成長であった。

全国各地の公演では、前説だけではなく、漫才やコントの衣装替えの手伝いをし、時には、一瞬だけコントの一員として舞台に立たせてもらったりもした。

伊達さんが「裏方って大変だろう。売れて自分たちがしてもらう立場になっても、この気持ちを忘れるなよ」と与えてくれた助言は今でも行動原理の1つとなっている。

ここで得た教訓は〝職業に貴賤はない〟ということだ。演者も、手伝ってくれる人も、皆等しく、お客さんを喜ばせる仲間であって上も下もないのだ。


単独ライブの公演が終わると、よく打ち上げに連れていってもらった。

伊達さんと富澤さんと一緒に楽しく話をしながら飢えを満たすために片っ端から店の品を食べ漁っていると、富澤さんが舞台袖から僕らの醜態を見ていたようで「お前らは前田が頑張ったら売れる」と言ってくれたのだった。

震えた。

食事に夢中になり過ぎて聞き間違えたきらいがあったので「もう一度言ってもらって良いですか?」と聞くと「嫌だよ」と返された。

もしかしたら本当に聞き間違いだったかもしれない。先輩と食事に行く際には、どれ程飢えていても、胃を満たすことに集中し過ぎず、話をきちんと聞くことを薦める。ただ、テレビで活躍し、ライブも全国で席を埋める力のある人が、僕らのことをハッキリと売れると言ってくれたのだ。サンドウィッチマンの二人の目からは、こんな人間の底を下回る地底人でも、売れると思ってもらえるのだ。

自分に自分で期待しても良いのかもしれない、と思った瞬間だった。

そして、富澤さんに「売れる」と言われた時に今までを思い返してみた。

情けない話なのだけれど、僕らは本気で売れるための努力を今までしてこなかった。高円寺の公園に集まってはキャッチボールを繰り返し、肩ばかりを強くして、良い野球選手になるための練習ばかりに精を出し堕落に身を委ねていた。

それでも楽しかったし、割いてきた時間に悔いはないけれど、あまりにも不毛な時間を貪っていた自覚はあった。

富澤さんが売れると言ってくれたのであれば、考えと生活を改める必要があるのかもしれない、と初めて、そう思った。サンドウィッチマンさんのような姿になれる未来があるのであれば、高校時代よろしく命を削るように努力してみても、その価値があるのではないか、と思うようになった。

よし、何の役にも立たないキャッチボールなど今後は一切辞めて芸事に全精力を注ぎ、明日から生まれ変わったように取り組もう。そう決心したのだった。


翌日、二人で公園でキャッチボールをした。

悲しいことに、人間の習慣というものはそう簡単には変わらぬものである。

ただ、いつもであれば球筋や投げた球の回転がどう、という野球の技術向上に励む会話で終始するところ、高岸に「もしも叶うなら、どんなことをやってみたい？」と聞いてみた。彼は体重を乗せた球を投げながら「始球式とかで投げれたら良いなあ」と口にした。

僕たちは甲子園に出ることが叶わず、高岸自身は大学まで野球に人生を捧げてきたが、我々は夢であるプロ野球選手にはなれぬ烙印を押された敗北者である。

その夢は、実現させたい、と素直に思った。それに、芸人という職で万が一でも売れることができたら始球式の機会はある。

それならば、本気で売れねばならない、と思ったのだった。

「絶対実現するよ」だなんて無責任に口にして球を投げ返した。富澤さんから売れるという言質を取った事実が背中を押していた部分はあれど、始球式の実現に対して特に根拠もないので我ながらビッグマウスだったと思う。

ただ、無性に自信だけはあった。

この辺から、明確に芸能界で売れるという志の芽が顔を出し、夢をもう一度見てもいいのかもしれない、と心から思ったのだった。

こうして僕は、大学院を中退した。

弁護士と芸人との間の反復横跳びを繰り返し、時には暴走し迷走した末に迷子になってしまったが、芸人という寥々たる道を盲進していく腹積りだ。

かくして、生きる目的もなく日々を過ごしていた僕は、芸能界で売れるという、新しい目的を得たのである。

塾講師の経験を見込んで、富澤さんから自身の子息の勉強を教える家庭教師を任せたいという申し出があった。後輩の鑑のような僕は当然快諾をし、週に一、二度は、富澤家に行っては、晩御飯をせしめるついでに教鞭を執っていた。

その終わりに富澤さんと顔を合わせることも多々あった。その時に「前田は頭がいいから、ちゃんとすれば売れる」と度々言ってくれたのだった。

結局、弁護士にならなかった身からすれば、自身のことを特段頭が良いとは思えなかったのだけれど、事務所の先輩で、しかも売れに売れている人がこう言ってくれているという事実は、地球と一体化し動かぬ重量である僕の重い腰を上げるには充分な理由であった。

そこから僕は我が脳みそをフル回転させ、勝者への階段計画を立て、実行していった。スター街道まっしぐら作戦である。戦略的盲信であることには目を瞑ってもらいたい。

高岸はスターである。見せ方によっていくらでも輝いて見える。

ただの高校時代からの友人のスター性に磨きをかけ、僕が、高岸の良さをみんなに分かってもらえるように努力しなければならない。責任重大である。

衣装から髪型まで、彼の良いところがより分かりやすく伝わるように、話し合いながら詰めていった。高岸は赤色の衣装。であるならば、色彩学的に中間色の緑色の衣装はどうだろうか、と二人の衣装を赤と緑にしてみる。

すると、舞台上がクリスマスのような配色になってしまった。この衣装のまま僕らが舞台に上がれば、その度に客席がハッピークリスマスと口にして手頃な男女が孤独を埋めるために懇ろな関係になりかねないので、数回の舞台の登壇で辞めることにした。

その次は、高岸がオレンジ色。僕はその補色と言われる、オレンジ色がより映える青色の衣装。と試行錯誤を繰り返す。ライブのたび映像を撮って見返しては、テレビで観た時に、より彼の良いところが伝わりやすいか考え、その反省と修正を続けたのだった。

足元は暗い。

地下ライブの泥濘にハマって身動きも取りづらい。

けれど、目の前に光があると、腹を括って歩いてみることにした。

ただ、そうは言っても簡単に仕事が増える訳ではない。オーディションに行っては落ち、もはや落ちるためにオーディションに行っているのではないかと錯覚する毎日であった。

その度に、八つ当たりで世間に対しての恨みと怒りを虚空に撒き散らし、地下に潜っては、ライブで我々の魅力が出るような施策を繰り返した。

そして懲りずにキャッチボールをする日々であった。

こればかりは辞められなかった。

この辺りから、テレビをつけると同期がネタ番組に出るようになっていた。

同年代の若手芸人が活躍しているのを、テレビ画面で観るのは堪えた。

純粋に凄いという尊敬の気持ちと同時に、テレビの前で座しパンツ一丁でカップ麺片手に同期の活躍を眺めていて、僕は何をやってるんだか、と自分を冷静に見て情けなく感じ、僅かな自尊心が限界まで使っている鉛筆ほどの頼り無さにまで削られていった。大学院を辞め、バイトをして地下ライブに出ている僕は芸人という自負はあるものの、社会的に見たら単なるフリーターと変わらないではないか。思い詰めていないだけフリーターの方がマシである。

問題は、後輩がテレビに出るようになってきたことだ。僕らが芸人を始めるよりも後に芸人になったというのに、忖度なく自分たちよりも面白い。だからオーディションに受かっている訳で、僕らはそれに落ちている。それを自分でも分かっている分、情けなかった。

新しい波24という番組があった。これからの時代を作っていく若手芸人をたくさん起用し、お笑い界を盛り上げていく趣旨の番組である。その番組に、僕たちは事務所からオーディションも振ってもらえなかった。

始まった番組を観ながらオーディションが既に終わっていた事実を知り、「事務所なんて頼りにならない。クソだ」と自らのことを顧みず、事務所に責任転嫁をして何とか自我を保ったのだった。情けない話である。


キャッチボールで勝負させてくれればどの芸人にも負けない自負があったけれど、そんな土俵で勝負すれば本家のプロ野球選手が出てきてしまえば瞬殺である。そしてキャッチボールで勝負することなぞプロ野球選手でも行わないので、そもそもそんな土俵は世の中になかった。

高岸が若手芸人の出る番組を観て「後輩のあの子たち、最近調子良くて凄いね」だなんて口にするものだから「俺らはあんなもんじゃ済まないよ」と語尾を強く言ったのだった。

高岸がそれを聞いて「かっこよ」と返してきた時は少し恥ずかしくもなったけれど、もう僕に残された道はここしかないのだ。気持ちを強く持つことで精一杯だった。

ってかなんだ、かっこよって。ちょっと他人事じゃねぇか。

今思い出して腹が立ってきた。

甲子園に行けなかった路傍の石がダイヤモンドになる可能性も、この道ならば或いは。情けなく、ダサく、目も当てられない日々だけれど、もう突き進むしかない。

猪突猛進の、しかし見るに耐えない日々が続いた。

貧困生活を極める

家の電気が止まった。

ネタを書いて、ライブに出て、公園に集まっては二人でキャッチボールをする日々を繰り返していたら、我が国の大蔵省は光の速度で財政破綻に至った。

電気代すらまともに払えぬ成人男性という軽蔑すべき現状に目を瞑り、本能寺の焼き討ちに遭った織田信長が如く、火の車の業火に身を焼き尽くされてもなお、自決する度胸もなく狭い高円寺の部屋で阿呆踊りに明け暮れていた。

だいたい、東京の地下芸人は、自分で出演費を払って舞台に出ることが多い。そうなると、ライブに出れば出るほど赤字になるので、当然のことながら支出の方が多くなってしまう。芸人の仕事なんて、年収で言えば1万円にも満たないので、しっかりバイトをしないと家賃どころか電気代すら払えなくなるのだ。

その末路が今の僕である。

電気代はだいたい3ヶ月滞納すると供給が絶たれてしまうのだけれど、それが訪れた。電気料金の滞納は最大3ヶ月まで。

読者諸兄姉も覚えておくといい。そして、この知識が役に立つ読者がいないことを祈る。


その日は、深夜、自宅にて全裸で座し、妖怪の類いと見間違われる辛気臭さ満点の形相でエーリッヒ・フロムの『生きるということ』を読んでいた。

すると、バチン！と全ての電気が落ちた。

目の前が真っ暗になったので、いよいよ死んだのかと思った。

思い返してみれば、夜が明けるまでネタを書き、ろくに食事も取らず、不規則不健康のど真ん中を勇猛果敢に突き進む生活を毎日送っていたので、そりゃいつ絶命しようとおかしくなかった。

死を悟った僕は暗闇の中で「幸せじゃなかったなあ」と誰に向けた訳でもない人生の総括を口にしたのだった。ただ、事切れた瞬間に読んでいた本が哲学書であることが救いだ。ここで猥褻本を手にしている時に死んでいたら、死体を目撃された時に検視官から、彼は興奮があまりにこの世を去った、とあらぬ嫌疑をかけられていたかもしれない。警察が親に向かって「息子さんは、卑猥本を開いている姿で亡くなっていました」と報告されてしまっては、その羞恥から天国からも逃げ出し自ら地獄の門をくぐることになってしまうだろう。

時間が経過すると視界いっぱいの常闇にだんだんと目が慣れてきて、極楽浄土ではなく部屋がうっすら見えるようになってきた。

残念なことに人生は終わりを迎えた訳ではなかった。

人類の底のような生活はまだ続くことが確定した。

この暗闇の状態で時の経過を待てど事態は何ら変わらないので、とりあえずカーテンを取り外してみた。近くにある街灯の光が差し込み、部屋が照らされた。

これは体験して分かったことなのだけれど、日本は街灯が多いので、カーテンを取るだけで案外部屋は明るくなり生活には困らない程度になった。現代で電気が使えないなんて聞くと生きていけなそうな気がするけれど、これが、意外となんとかなるものなのだ。

以後、外の街頭の光で生活をすることになる。

ただ、街灯の光だけで室内を照らして部屋を照らすため、誰かが街灯の近くを歩く度に、光が遮られて一瞬、部屋が暗くなる。これが非常に厄介であった。


集中している時に、部屋が急に暗くなったり明るくなったりするのがストレスになり「こんな深夜に出歩くなよ、ボケ」と、家の電気が通っていない方が異常であることに目を瞑り、不特定多数の人間に恨みを撒き散らしていたのだった。自らの財政難により招いた事態であるのに多方面へ憤りを覚えてしまうのは、もはや僕の人間性というよりもこの粗悪な環境が原因であり、とことん品性を下劣にしていった。


人が家の側を通るたびに部屋が暗くなるとさすがに気が散るので、作業を捗らせるために、水の入ったペットボトルに懐中電灯を当ててライト代わりにするという災害時の知恵で部屋を明るくして〝売れるためのノート〟に色々と書き込んでいった。

生きるために必要不可欠である携帯電話は、災害時に役立つ、手動でレバーを回すと充電できるものを使って充電した。

日常から、非常事態を想定したものを用意しておいて良かった。けれどまあ、非常事態が平常運転である日常なんて目も当てられない生活であるのは間違いない。

ならばもっとバイトをする時間を増やせばいいではないか、と野党からの野次が矢継ぎ早に聞こえてくるけれど、決してそうはしなかった。

たとえ惨めを煮詰めた唾棄すべき生活を送っていても、目標に向かって努力している身からすると、バイトに時間を割き、やらねばならぬことがおざなりになるより、家の電気が止まっている方がマシなのである。

ランボーも慄き後ずさる勇ましさであろう。きっと、この時の僕はどの環境にいても逞しく暮らしていたはずだ。


どうせ生きるのであれば、高校を卒業してからの、輪郭もない目標へぼんやり歩く生活よりも、貧しかろうが明確な夢に向かって走る方が、今を生きている、という実感があった。

僕も何者かになれるかもしれないのだ。

だから、人間としては、健康で文化的な必要最低限の生活を遥か下回る生活を送っていたけれど、プロ野球選手になるという夢を諦めた当時の僕と比べると、心は幾分マシだった。

なんなら昔よりも生きる活力があった。活力の理由は、このろくでもない日常から脱してやる、という怒りがあったのかもしれない。

怒りはガソリンになる。

売れていない自分、評価されない現状を燃料に、暗い部屋の中で長らく暮らした。


やがて、ガスが止まった。

この日を境目に、家での風呂が冷水になり、毎度冷てぇーと叫び一人暗い家で震えながら入浴をすることになった。四季折々、一年中冷水シャワーで過ごして学んだことは、夏はまだいいが、冬は修行僧が滝に打たれながら精神鍛錬をするそれであるということだ。

冷たさを凌ぐべくシャワーを浴びながら心頭滅却と口にして、適当な念仏を唱えながら入浴する毎日。あまりの冷たさに念仏にも力が入り、隣の部屋の住人から壁をドンと叩かれ注意をされたこともあったけれど、修行僧であっても毎日家で冷水の入浴などしまい。無宗教の人間にしては熱心な修行姿勢であった。輪廻転生した暁には人間から神様に鞍替えさせてもらいたい。

そして、ガスの元栓を閉められたことで火が出なくなったので、家で料理を作ることができなくなった。もう終わりである。

今までは、電気が止まった暗い部屋の中で、お粥を作って食べていた。お米は良い。今が江戸時代だと自らに言い聞かせれば、白米だけでも御馳走を食べている気持ちになれるし、粥にしてカサ増しすれば量も誤魔化せるので、飢餓に我を忘れることもなかった。

カップ麺を20分以上放置して、麺の量を極限まで増やした通称ぶよぶよ麺も、空腹を満たすための生活の知恵だった。味なんてものは二の次三の次なのである。

だが、ガスも止められるとなると、それすらも作る術を失った。死活問題である。食糧問題は早急に対処せねば命に関わる。

血眼になりながら食糧になり得るものを部屋の隅々まで探した結果、非常時のために買い溜めていた乾パンを発見したので、ガスが止まって以降はこの非常食を食べて生活をすることになった。

戦時中もかくやという環境ではあったものの、自分で選んだ道なのだ、仕方ない。

だが、貧乏であることには変わりない。米兵を見かけたら「ギブミーチョコレート」と一日中追いかけ回して米国まで追い返してしまっていただろう。そんな奇行に走らなかったのは、近くに米軍の基地がなかったおかげだ。米兵のいない高円寺に居住していて良かった。

ある日、家の近くにある商店街のパン屋さんに行き、なけなしの銭で、どのパンを買おうか20分近く吟味していたら、飢餓の気配を感じたのか、お店の親父がパンの耳をくれた。

100円を握り締めて鬼気迫る表情で腕を組みながらパン一つ買うのに頭を悩ませていたのが不憫に思えたのだろう。袋にぎゅうぎゅうに詰めたパンの耳を渡しながら僕に向かって野良猫に餌をあげるように「生きろよ」と一言かけてくれたのだった。

誇りの欠片もないが背に腹は代えられぬ。度々現物支給を受けにパン屋へ突撃したのだった。

高円寺駅付近で、鳩に餌付けしている人を見かけたことがあった。貴重な食糧であるパン屑を地面に撒き散らす暴挙を目撃し、なんて勿体無いことをするのだと人間性を疑わざるを得ない衝撃を受けた。

ただ、同時に僕にはチャンスであった。

鳩と共に撒かれたパンを頂く選択が頭を過ったが、僅かに残った人間としての尊厳でそれらを振り払い、パン屑を拾って食べることをグッと堪え止まった。しかし、無意識に餌付けしている人へ鳩と一緒に近づいてしまっていた。

鳩も人目もなければ喜んで食い摘んでいただろう。貧困は人間を猫にもすれば鳩にもする恐ろしい欲求である。

人間としてギリギリの状態であることは言うまでもない。


そしていよいよ、水道が止まった。ライフライン全滅である。

以降は、飲み水を確保するために公園まで空のペットボトルを持っていき、蛇口から水を溜めて命水と名づけて常用していた。税金を納めてくれている人のおかげで、公共施設を利用して生きながらえることができたのだ。ペットボトルに命水を満タンに貯めては「納税者、ありがとう」と家に持ち帰ったのだった。

そんな血税が形を変えた水で命を繋ぎ止めていたのだけれど、当然ながら水道が止まるとトイレも流すことができなくなる。

したがって、催しそうになる度に家から徒歩10分ほど歩いたところにある公園の公衆トイレを利用していた。ここでも用を足しながら「納税者、ありがとう」と呟くのは忘れない。僕は義理堅い人間なのだ。

読者諸兄姉が「何故、こんなに税金を払わねばならないのか」と疑問に思った時は、ここにその恩恵を享受していた人間がいたということを理解してもらいたい。みんなが、人間一人の命を救っていたのだ。納税者たちには日本の底辺を支えている事実に誇りを持ってもらいたい。

ただ残念なことに夜の23時を過ぎると、治安の管理という名目で、扉が施錠されてトイレが閉まってしまう。ピッキング技術のない僕からすると困った話である。が、生きる力に溢れている僕はこれに対応すべく、深夜に催さぬよう23時までに体内にあるものを全て出し切るという、特殊な技術を手に入れることに成功した。人類の進化は凄いと身をもって感じた瞬間であった。

そんな状況下によって身についた独特な習慣で日々過ごしていた。

お風呂はというと、大学の頃に塾の講師をしていた講師友達が、新宿で社員寮に住んでいたので、度々そこを借りて日々を凌いだ。

彼とは同い年で、大学生の頃は互いに国家試験へ挑み、僕は弁護士、友達は建築士になると高い志を共に抱きしめて学業に勤しんだ仲であった。それが今や僕は野良犬もかくやの見窄らしさで、一方友達は立派な一級建築士になり夢を叶えていた。

目を背けたくなる対比である。


その友人の家は大企業の持つ社員寮だったので、広くて素敵な家だった。

「狭くて何もない家だけど」と招かれたその家は、明るく、温かいお湯が出て、ふかふかのベッド、冷暖房も完備しており、天国があるのであれば、こんな空間であるのだろうなあ、と思わずにはいられぬ程、この世の全てがそこにはあった。

ひとつなぎの大秘宝《ワンピース》とはきっと、彼の家のことを指すのだと思った。

そして、僕のライフラインが全滅した2畳の家が竪穴式住居の文明レベルであって屋根があるだけの小屋である事実が露呈したのであった。

温かい湯船は極楽浄土である。彼の家を入浴施設と呼び、度々家に行っては無料の銭湯として利用していたのだった。しかし、身体ばかりが温まっても僅かばかりの良心が風呂を借りるたびにチクチクと痛くなるので、時折、公園の水で頭や身体を洗って済ませていた。

さすがにそんな生活をしていくと、自尊心なんてものはカケラも無くなる。心の中にある何か大切なものが、常に折れそうだった。折れていたことに気づいていないだけだったかもしれない。

友達の家から狭くて暗い自分の家に帰る道で「大丈夫、大丈夫」と、自分に言い聞かせるように呟いた。大丈夫ではないけれど、そう言い聞かせないと今にも捻れ切れそうな自我を保っていられなかったのだ。

栄えある長者番付最下位の男の完成である。

家賃も大家さんから詰問されるギリギリまで滞納し、催促されれば誤魔化す程度の家賃を振り込んでいた。支払いが辛過ぎて「この人は何故、家賃なんてものを請求するのだろう」と怒りが湧いてくる日があった。むしろ、アパートに住んでくれてありがとうって言え！と暴論を夜な夜な口にしていたのだった。

諸悪の根源は家賃に起因すると思い、家賃などなければ世界は皆笑顔で平和なのではと逆恨みをしながら家賃を支払っていた日々は我ながら忘れたい。

こんな生活、何十年とは続けられないことは理解していた。しかし、売れるために多くのものを犠牲にして努力をしなければならない。犠牲と努力の末に成功が待っているのだ、という高校時代の努力至上主義坊主の前田が心の襖から顔を出すようになってきたので、ただでさえ貧乏だというのに、ネタを書く時間をさらに増やし、ライブの頻度も高くした。すると当然のことながらバイトなんてしている暇もなくなる。

ついに、収入という収入がなくなった。

いよいよ、燃え盛る火の車も可燃物が無くなり消し炭と化してしまったので、生活費をどうにかするために、借金をするようになった。

まさか自分が借金をして生活をする人生だなんて思わなかった。

本来であれば今頃は司法修習生になり、裁判官か検察か弁護士か、どの道を行くか頭を悩ませていただろう。それが今悩んでいるのは、目の前の生活費をどうするかという文化的な最低限度の生活を下回る日本の極限よりも下を這う問題である。

由々しき事態である。

相方である高岸はあまり深刻に捉えない性格で、今日も今日とてキャッチボールをする気満々で「今日も公園に集まろう。グローブ持ってきて」という誘いを受け、むしろ深刻な状況であることを自覚するのだった。

けれど、芸人を辞めるだなんて選択肢は毛頭なかった。覚悟を決めていたのだ。ここまでの底辺を骨の髄まで味わっているのならば、行くところまで行ってやる、と自暴自棄になっていたきらいもある。

富澤さんから売れると言質を取ったので、借りたお金が返せなくなったら半分は富澤さんの責任だ、とお金を借りる際の自分を咎める罪悪感を他人へなすり付けながらお金を借りて生活をした。

単独ライブの縁から富澤さんとの交友関係が始まり、単独ライブが終わる頃には富澤さんの子供の家庭教師をすることになった。これが大きな救いになった。家へ行くなりご飯をご馳走になったり、時には食糧を貰ったりした。配給所であるという認識になるまでに、それほど時間を要しなかった。

かのような事実から、施しと借金によって少しだけ生活水準もマシになっていった。

家賃も滞納しているし、電気もガスも水道も頻繁に停められてしまうけれど、それでも生きている実感があった。何も状況は変わっていないし、なんなら借金をしている分、悪くはなっているのだけど。

もうやるしかない、という背水の陣である環境が、生きる原動力になっていたのだと思う。

そんな生活も一年が経過すると、借金もある程度大きくなっていた。

雪だるまや植物は大きくなると嬉しい気持ちになる。

この頃から、借金をこれらの成長と同じように捉えるようにすることで愉快に借金生活を過ごすことができるのでは、と考え「ここまで大きくなっちゃって」と愛でるように借金の額を眺めるのだった。

そんな過《よぎ》る不安を振り切って責任転嫁ととことん現実から目を背ける毎日を過ごした。

光の先にあるのは

とうとうこの日が来た。

『アメトーーク!』と『ゴッドタン』という、芸人であれば喉から全身が出てくるほど渇望するテレビ番組のオーディションに受かり、2つの番組に出演することになったのだ。

来たとは、つまりそういうことである。

アメトーーク!では、高校までやってきた野球をきっかけに〝スポーツ推薦芸人〟という企画の一員として。ゴッドタンでは、芸人にアンケートをとって、その中で名前が挙がった芸人が呼んでもらえる〝この若手知ってんのか〟という企画に出させてもらうことになった。

売れていない不甲斐なさから高円寺の純情商店街を身を隠すように歩いていたため、コソ泥と見間違う佇まいになってしまったが、それもここまでである。

胸を張って街を練り歩けるようになる、一発逆転の好機が訪れた。

弱気になることは一切なかった。借金を増やすだけの痴態に塗れた正気も保てぬ修練の日々を過ごす身からすると、願い続けてきたチャンスが訪れたのだ。

芸人人生という当たらぬパチンコ台に齧り付き、我を忘れて昼夜台を回し続け、ようやく来た激アッチャンス。

数多の好機を見逃し続け、負債に水をやり愛でながら育てては、孤独ばかりを握り締めてきた人生において、これを逃せば今後の一生を空虚な己を抱きしめ寝る日々になってしまうだろう。この機を逃す訳にはいかない。


正直、この2つの番組どちらのオーディションも受け終えた時には、およそ受かるとは思えぬ内容であった。

というのも、オーディション中に番組スタッフからの質疑応答で「何か相方に言いたいことはあるか」と問われ、高岸が僕への感謝を口にしていたら感極まって泣いてしまったのだ。それも、2つの番組どちらのオーディションでも涙を流していた。

他人のことをとやかく言えぬ人格であるのは重々承知の上で、相方のことを変な人間だな、と思った。ただのオーディションで泣くなんて情緒と様子のおかしい芸人である。まともな番組であれば受からせるはずがない。

それが受かった。両者ともまともな番組ではないきらいがある。

いや、今思うと、お笑い芸人という業種は、まともではない人間が重宝されるのかもしれない。逆を言えば、僕のような凡人にスポットライトを当てても仕方ないのだ。相方がまともな人間でなくて本当に良かった。

とはいえ、降ってきたようなチャンス。必ず千載一遇の機会をこの手で掴み、放してはならぬと一心不乱に握力を鍛えたのだった。握力グリップをにぎにぎし続け、握力が80キロを超えた辺りから、好機を掴むのに必要なのは物理的な握力ではなく精神的な自信であることに気づいた。

満を持して挑んだ番組の収録当日。

普段のライブから、僕が色々と準備して、高岸にはドンと構えてもらう方式を繰り返していたので、いつも通り「台本は読まなくていい」と伝え、その分僕が他の全てを頭に入れて、あらゆる展開を想定して挑んだのだった。

結果は上々。ただ、放送されてみなければ反響は分からない。

手応えがあろうがなかろうが油断はならないと理解していたが、2つの番組の収録が終わった後、オンエアもまだこれからである段階にもかかわらず、お金がない中で高岸とお寿司の食べ放題の店に行った。放送後に僕らの未来が如何になるか分からないが、自分たちで自らを頑張ったと労う会を催したのだった。

「まだまだ僕らはこれからだ」と決起しながら食べたあの時の2000円食べ放題の寿司の味は二度と忘れることはないだろう。

質より量に振り切ったお寿司やさんの、シャリがおにぎりのように大きいお寿司を食べたが、どのネタを食べても希望と期待の味がしたのだった。

オンエアまで心穏やかではない日々が続いたが、杞憂であった。

アメトーーク！とゴッドタンの出演した回の放送後、テレビの仕事が増えるようになっていったのだった。

報われた瞬間だ。

この2つの番組は、僕たちを人間の底辺から沈没船をサルベージするが如く引き上げてくれた、返すも返しきれない恩のある番組なのである。オンエアもＤＶＤに焼き付け、大切にとってある。今後一生忘れることのない出演となった。

このおかげで「アメトーーク！に出てたから」とか「ゴッドタンで見たので」という理由で色々とテレビに呼ばれるようになっていった。今でも時折、テレビをつけてアメトーークとゴッドタンを見ながら両手を合わせて拝んだりする。

以降、色々な番組のスタジオやロケに呼んでもらえるようになった。

望んでいた世界に足を踏み入れることができたのだ。指をふやけるまで咥えて待ち望んでいた仕事に身を置けて、こんな素晴らしいことはない。植物が一瞬で育ち、実をつけかねない強烈な照明のもとでたくさんのカメラに囲まれスタジオの収録を繰り返す。夢にまで見ていた光景だ。

こんな人生が待っているだなんて嘘のような景色だった。テレビに出る、となるたびに家族や地元の友人がテレビを見てくれもした。

嬉しいなあ。幸せとはここにあるのかもしれない、と高揚感があった。

けれど、実際は違った。

それこそ、夢を見ていたのだ。

現実を知ることになる。


呼んでもらえる仕事は、高岸が輝く企画。

もちろん、僕の望んだ通りである。ライブでも高岸の魅力が引き立つようにずっと試行錯誤してきた。その結果を評価されたのだから、高岸が評価されるのは至極当然の帰結である。僕はそれで構わない、と思っていた。

ただ、呼んでもらった番組で獅子奮迅身を粉にして頑張ってみても、オンエアを観たら、コンビで出ていたはずのロケは高岸しか映っていないことが多々あった。

ロケで手応えがあったので「この番組に出るから観てて！」と祖母に伝えたところ、その番組を観てくれたようで「テレビ観たよ」と嬉しそうに伝えてくれた。良いツッコミもした実感があったし加えて現場では上手く回せていたので、僕は楽しみで小躍りをしながらその番組のオンエアを観てみたのだけれど、その放送は高岸が映っている横に僕の身体の半分が見切れているだけの回であった。

祖母が単にテレビジョンを視覚に入れたよ、という報告であった可能性もあるけれど、そうでなければ、ただ見切れている僕を視聴しただけになる。それでも多くを言わずに笑顔で「頑張ってるね」だなんて言ってくれた時は泣きそうになった。

あの半身だけの姿は、野次馬と何ら大差ない、ただテレビに映っていたというだけであったのに。


スタジオ収録であってもロケであっても、その場に僕もいたはずなのに、カメラの画角から切られていることも多々あった。現場でいくら話をしていても、いないことになっている事実。ちらっと映っては、またいなくなる。

良いコメントをして、その文字がテロップとして画面に残ったとしても、その時に映っているのは僕以外の出演者であった。

そんなことがザラにあった。

どの番組を観ても、スター高岸と、なんか映っている人、程度の放送ばかり。

現場でも、もはや僕は付属品として呼ばれているだけのことが多くあった。

番組のスタッフに挨拶をしても、僕には軽い会釈をするだけで「ティモンディさんと仕事したかったんですよぉ」と高岸にしか話をせずに収録が始まることも多く、僕自身が僕の存在意義というものを見失いかけていた。


あれ――？　どの仕事でも、同じものを作っていくのに貴賎はないのではなかったのではないか。学んだ教訓とは違う世界がそこには広がっていた。

野球でも、ピッチャーは目立つポジションだけれど、他のポジションを無碍に扱うのは違うではないか。それがこの業界はなんだというのだろうか。

おかしい。これはおかしいぞ。

別にキャッチャーをピッチャーと同じようにヒーロー扱いして欲しい訳ではない。

ただ、どの守備位置も等しく大切にはされるべきではないか。

どうなっているんだこの球界は！


露骨に高岸と僕への態度が違うスタッフと一緒の現場になることが多く、それでも僕は自分が望んだ道だし、それでも見てくれている人はいると仕事を続けていった。

如何に現場で奮起しようとオンエアで使われるのは、映える高岸のコメントのみ。

高岸が映えるように、映えない動きをする僕を映す方がそもそもおかしい話なのだけれど、ただ、テレビの放送に映っていないものは、評価のされようがない。だから評価されないのは必然だった。

結果、仕事的に忙しくなってきた割には、世の中の人たちには、ティモンディは高岸しか知られていなかった。

割と二人でロケに行っているはずなのに、コンビだったんだと言われる。ティモンディ高岸というピン芸人だという認識の人ばかり。文句ばかり言わずに自分も頑張れという人もいるだろう。ただ、おざなりにされるのは違うと思うし、頑張ってはいるので文句くらいは言わせて欲しい。

ここで得た知見は、コンビで成し遂げたと思ったことも、世界にとっては、高岸一人で成し遂げたことであって、僕自身は何者でもなかったということだ。


そこで思い出す。

ああ、僕は結局、どこまで努力しても何者にもなれないのだ、と。

何者でもなかった人間は、何者でもないままの人生を歩む他ないのだ。少しでも希望を抱いていたことを恥ずかしく思わねばならない。

何かを捧げても、報われることがなかった過去を思い出す。華やかな世界に身を置くようになって、僕は僕という人間の凡人性をすっかり忘れていた。路傍の石をいくら磨いても宝石のような輝きにはならないのである。

石ころは、石に過ぎない。

僕という人間が、どんな場所へ行こうと、如何なる努力をしても、どんな貧しい思いをしても、何者かになれると思っていた方がおかしかったのだ。

そんな中、始球式をさせてもらうことになった。

プロ野球選手になれなかった我々からしたら、プロ野球選手が試合をする場所でボールを投げることができるのは、諦めた夢が別の形ではあるけれど叶う瞬間であった。毎日暇を持て余し、二人で懲りずに公園でキャッチボールをしている時から、始球式のためだけに作った左利き用のキャッチャーミットの出番がようやく来た。

夢が叶った。

プロ野球選手になれなかった我々が何万人という観客の前で球を投げる。とんでもないことだ。

夢の実現のために、高円寺でキャッチボールをしていた僕が知ったら泣いて喜ぶ体験であろう。恥ずかしながら、実際に泣いた。始球式の日は、二人で辿り着いた夢だったからである。

その瞬間は、何にも変えられない。

二人で力を合わせていけば、あのお客さんが2人だけの地下ライブに出ていた何者でもない人間も、目指した地に立てるんだ、と胸がいっぱいになったのだった。

その始球式を、翌日のニュース番組が取り上げてくれた。

自らの夢のために頑張った結果、誰かの背中を押せたのであれば、表舞台に立つ人間冥利に尽きるな、と思った。

各局で取り上げているその全てを録画して、僕らを取り上げてくれたニュースを片っ端から見ていく。アナウンサーが「ティモンディ高岸、始球式で涙」と告げて高岸が投球をする前に涙する映像が流れた。感動だ。

高岸がマウンド上で涙を流す。その後、球を投げて、球速が143キロと表示された。ニュースが終わり「高岸さんの夢が叶って良かったですねえ」とコメンテーターが口にした。そして高岸への賛歌を各々が歌い上げたのち、次のニュースへ進んでいったのだった。

そうか。

僕が掴んだものは、二人で得たものだと思っていたけれど、世の中ではやはり、そういう評価なのだ。二人で始球式をした事実は誰がなんと言おうが変わらない。今でも宝箱にしまっている。けれど、世間から見れば、何かを成し遂げた人は高岸であり、どこまで行っても僕は何者でもないのだ。

そうだよな。僕なんてそんなもんだ。

我は人目を惹くことのない面白みもない雑草。根ごと引き抜かれ可燃ゴミになる可能性はあれど必要とはされぬ存在であることを痛感した。

いいさ、別に。何者かになれると思っていた僕が悪いのだ。

勝手に期待をして、勝手に裏切られているだけなのに、まるで被害者のように、そう思うようになっていった。

個人で仕事のオファーが来たので、喜んで受けたらエキストラの仕事だったこともあった。まあ僕一人が呼ばれて、それが芸人としての仕事な訳ないか。求められてもないし、認識もされてない訳だし。と自分に言い聞かせて仕事をこなした。

期待しない。僕はこの世界で何かを望むことの方が烏滸がましいのだ。

自分で望んだ世界に身を置けたというのに、不貞腐れていくようになっていく。清廉であった我が心の根が、腐っていく気配がした。

そんな生活も続けていくと、有り難いことに、高岸と二人で歩いている時に、声をかけられる機会が増えた。目には見えぬ基礎工事の仕事でさえも続けてさえいれば、見ている人は見てくれているのだろう。素直に嬉しかった。

みんな口を揃えて「高岸さん、写真撮ってもらって良いですか？」だなんていうから「もちろん！撮りましょう！」と言う高岸に、声をかけてきた人も歓声を上げて喜んでくれる。

こうなる未来があって良かった。

しみじみ思っていると「お願いします」と、その通行人から携帯を渡された。その手から〝お前が撮れ〟という意図を感じた。僕をマネージャーと思ったのだろう。別にその子たちが悪い訳ではない。オンエアに映っていない、認知されていない僕が悪いのだ。ニコニコしながらシャッターをきる。そんな瞬間が頻繁にあった。

番組に呼んでもらってありがたいけれど、眩く光る景色に立ってみると、僕は僕が思っているような光の当たり方をしていなかった。いや、そもそも光も当たっていなかったのだ。スポットライトの外。芸能界の蚊帳の外。

コンビで呼んでもらったロケの台本に、僕の名前がなかったこともあった。

現場のスタッフに「僕はどうしたらいいですかね」と聞くと「後でナレーションになる部分を、この場で言ってくれたらいいよ」と伝えられ、色々な言葉を飲み込んで、その仕事に従事したのだった。その場にいようがいまいが差はない、その旨の扱いであった。

仕事があるのはありがたい。

実際、生活ができるようになっていった。

けれど、あれだけ輝いて見えた世界は、その光の先には、誰も自分を求めていない、僕のいらない光景が広がっていたのだった。

第三章 芸能魔界で踠《もが》けども

心身ともに赤信号なり

円形脱毛症になった。

この現状でも何ら構わない、期待しない、となけなしの自尊心をかなぐり捨て、仕事である以上は真摯に向き合わねばならぬと腹を括り、できる限り職務を全うしてきた。被害者顔したとて現実は何ら変わらないのであれば我慢するしか道はない。

我は世を耐え忍ぶ影の者なり、と自らに言い聞かせ走り続けた結果、心を目一杯すり減らし、後頭部の一部が文字通りの不毛の地となってしまったのだ。

後頭部のハゲでも、努力が可視化されたものと思えば愛おしくも思えるのではないかと思い、愛でるように鏡で毛のない範囲を見てみると、その面積に対して、この程度しか努力していない訳がない！と怒りが湧いてきた。今まで辛酸を舐めた量を反映しているのであればもっとハゲで然るべきである！ハゲろ！と自らを見失う方向に思考が走り出したので、以降、鏡を見るのを辞めた。

如何にして事態に気づいたのかというと、テレビ局のメイクさんに髪をセットしてもらっている時だった。途中で「あの、知っていますか？」だなんて言われたものだから、誰かの芸能ゴシップでも言い出すのかと思ったら、10円ハゲができているという僕自身のゴシップ情報を教えてもらい発覚するに至ったのだ。

あの時の、気まずそうなメイクさんの顔は今でも忘れない。ギョッとした顔は楳図かずおの画風であった。

切り出すのも心苦しかっただろうに、申し訳ないことをした。そう思うと、またハゲの領地が拡大していった。我が円形は植民地時代の英国が如く猛威を奮って戦火を広げて行ったのだった。

お金もある程度稼げるようになって、人並みに生活ができるようになった。ライフラインも復旧し、今やもう停まることはない。もう鳩と共にパン屑に群がる必要もない。借金も返せた。人生のギャンブルで言えば大成功である。

絶賛確変大当たり中でスケジュールも埋まっていく。生きていくのに不自由ない貯金額も貯まり、人生ゲームで言えば、悠々自適に鼻でもほじりながらゴールを目指せるくらいにはなっていた。夢の果てに足を踏み入れられて万々歳である。

充分恵まれているはずだ。

教育番組のＭＣを任され、人気音楽グループの冠番組のＭＣを任され、自分たちの冠番組もラジオも持たせてもらっているのである。

これで不幸だなんて口にすれば、屍になっていった多くの芸人に地獄から叱責されるに違いない。テレビに出たくて仕方ない若手芸人が他に大挙しているのだ。その列は歌舞伎町のラーメン二郎が如く、悶々としながら自分の番を待っている。そんな連中を他所にラーメンを食べながら不満など言えるはずもない。弱音を口にした途端、俺と代われ、と売れぬ芸人たちが暴徒化し十字架に磔にされ火をつけられかねない。

今の状態で円形脱毛症なんて、何を甘えたことを感じているのだろうか。

後頭部に対して「ハゲてる場合じゃねぇぞ！」と口にするも、返事はなかった。毛根が死んでいるのだ、そりゃ返事がないはずである。

他の髪の毛に対して「お前ら周りが助けてやれよ！」とチーム感を出せば、ハゲた場所の周囲が手助けをして毛が生えだすかと思い、毎日のように激励の言葉を頭部に向かって投げかけ続けたが、虚空に言葉が響くだけで、気合と根性では髪の毛は生えてこなかった。家にいる猫が哀れな目で僕のことを見ているだけであった。

辛いなと思う瞬間があっても、飲み込んで続けるのが仕事である。

働いている社会人は皆等しく、ストレスと戦いながら生きているのだ。そう思うたびに、お前だけが辛い訳じゃねえぞ、被害者ぶんな！と自分に叱咤激励の言葉をかけ、泣きそうになっても感情を飲み込み、心無い扱われ方をしても、もうどうでもいいやと口にしていた。結果、心のキャパを超えてしまったのだろう。

そもそも、この世界に馴染めないまま大人になってしまったからこんなに悩んでしまっているのかもしれない。もう少し野球で心が折れてから社会に慣れるまでの時間が僕には必要だったきらいがある。だとしたら、もう時すでに遅し。このまま塞がれた道をぶつかり苦しみながら耐えて進むしかない。

この頃から体重が落ち始めた。

日頃から無くなるのであれば大切な毛ではなく、どうせなら持て余している皮下脂肪を減らして欲しいものだ、と懇願していたので、とうとう天に願いが通じたのだ。毛を減らす代わりに皮下脂肪を減らしてくれ始めたのだと感じ、空に向かって神様ありがとう、と涙を流したのだった。

両手一杯に掴めるまで育った怠惰を具現化した贅肉たちともこれでおさらばである。無神教であったけれど、これを機に皮下脂肪ノ神に入信しようと決心したのだった。ただ、あまりにも胃がズキズキと痛み、飲酒もしていないのに二日酔いに近い気分の悪さがあったため、もしかすると身体に異常があるのではと疑念を持ち、病院に行ってみた。すると、医師から胃潰瘍の診断を受けたのだった。

円形脱毛症に留まらず内臓にまで負荷が来ているとは。

泣きっ面にパイルドライバーである。おい神様、話が違うではないか。

これでは感謝し損である。即刻、皮下脂肪教から脱信させてもらう。

さすがに健康へ影響が出るため、投薬によって肉体的快調を目指すことにした。

踏んだり蹴ったりハゲたりやつれたりで満身創痍である。

芸歴の近い先輩から、仕事があるのに何を世の中に文句のある目をしているのか、と叱咤されたことがあった。当然、ボロ雑巾のようになった心身のことを吐露する訳にもいかない。確かに、満足せねば許されない現状であるため、ェへへと情けない返答に終始したのだった。

何故、僕は満たされぬ乾いた心を持て余し、夜な夜な無力感を抱き締めて涙を流しているのだろうか。

答えは単純で、僕も誰かに認めて欲しかったのだ。

別に、必要以上に大切にされたい訳ではない。野球をやっていた時も叶わなかった、ここにいても良いと思う帰属感を芸能界で味わえると希望を持っていたのだ。

それが、蓋を開ければ御覧の有様である。

思い返せば、マネージャーから「目が死んでいる」とよく言われていた。

だがずっと、それは疲れているからだと結論付けていた。

けれど、マネージャー陣や会う人たちから、貴方は瞳孔が開いている。およそ血が通っている目をしていない。爪が死人の色をしている。弔辞を読みそうになった。と口々に投げかけられたので、その時点で事の重大さに気づくべきであった。

本当に絶命していたきらいがある。

凡人代表居士という戒名まで付けられかけ、そこでようやく表舞台に立つ人間の言われる言葉ではないことに気づいた。それだけ容姿から深刻さが見受けられたのだろう。散々な言われようである。

シムシティというシミュレーションゲームを毎日のようにやっていた。

そのゲームで一軒家を建て、周囲をゴミ処理場や墓地で囲んだ過酷極まる環境に仕上げ、そこに人間を居住させてどう一生を終えていくのか毎晩のように観察するのが楽しみであった。

住民が精神的負荷により、背を丸めて自身の家路につく姿を見て夜な夜なゲへへと不気味に笑って楽しんでいたのだ。

ゲームのコントローラーを握り、苦しめ苦しめと口にしながら卑屈な笑みを浮かべてシミュレーションゲームに時間を割いていたのは、僕よりも劣悪な場所で起居する生き物を見ることで心を保とうとしていたのだと思う。

如何に当時の僕の精神が限界であったのかを物語っているだろう。

兎に角、このままではマズい。

毛根を死滅させていくストレスの猛攻に歯止めをかけなければ。

ストレスの円形からなる髪型はスキンヘッドのそれとは異なり、悲愴感が出てしまう。人を笑わせる仕事に従事している人間がストレスでハゲているなんて、誰も笑顔にできる訳がない。

胃潰瘍もそうである。原因はストレスであると断言された。然るべき医者に診てもらったら心にも病名がついていただろう。

このままでは円形脱毛症と同様に、穴も胃だけに留まらず、身体のあらゆる所に穴が開き、次第にお尻の穴が3つ4つになってしまいかねない。事態は急を要する。

それに、NHKの歴史のある子供番組のMCをしているのだ。

笑顔で子供たちに大人のありようを説いている人間がストレスでハゲていては目も当てられない。子供の成長を見守る前に、まずは己の問題を解決せよ、と詰められかねない。加えて、子供たちに僕の後頭部にある10円ハゲを目撃されてしまっては、大人になることに絶望してしまうだろう。まだ隠せるサイズ感のうちになんとか治療してバレないようにしなければならない。

そこからというもの、番組の収録の際に、子供たちが背後に立つのを嫌うようになった。子供の共演者の1人が背後から近づいてきたので、正面を向いて「俺の背後に立つな！」とゴルゴ13のようなことをゴルゴ13のような剣幕で言って退けた。年齢的にゴルゴ13を知らない可能性が高いので、この先、ゴルゴ13を見た時に前田さんみたい、と思う逆転現場が起きるかもしれない。

10円ハゲを作っているMCよりも、ゴルゴ13のような共演者、という認識でいてもらった方がまだマシである。

また、僕らがMCを務める人気音楽グループの子たちへの悪影響もある。

歌とダンスで多勢を魅了する彼らが、こんな辛気臭いハゲ男と多くの時間を共に過ごしてしまっては、そのパフォーマンスに陰湿な翳りを与えかねない。

「前田さんと出会ってから僕ら辛気臭くなりました」だなんて口にされては、ファンから反感を買い、縄で全身を括られて日本海に沈められるのがオチである。

周囲の人間の為にも僕の現状は黄色信号。いや既に赤に点灯している節がある。早急に対処せねば数多の狩人から命を狙われる賞金首になりかねない。

そして改めて、僕は僕自身の人生を改めて考えなければならないと思った。

芸能界に身を捧げても擦り減っていくだけで個人事業主である使い捨ての歩兵の命など、そこらで野垂れ死んでも誰も責任を取ってはくれない。

僕が僕自身を幸せにしてあげなければならないのである。

このまま生きていても、誰かが僕のことを幸せにしてくれることなどある訳がない。況してや毛を生やしても胃の穴を治してくれるはずがない。それを芸能界で数年仕事をしてきて痛感した。

痛すぎて心が痣だらけだ。痣になっていない部分を探すのが困難であるほどに全体が青く腫れている。


でも、今の状態の責任は僕にあるのだ。

現在の僕はこれ以上、誰かに傷つけられぬように予防線を張りに張りまくり、結果、自分がその線に絡まり、焼豚のように巻かれて身動きも取れぬ状態となっている。甘辛く煮られて食してもらえればまだ報われるが、誰にも見つけてもらえず消費期限を過ぎて腐り朽ちていくのが関の山である。

僕は、自分の幸せを、自分で掴まなければならない。

僕は幸せだと言い聞かせても痛々しいだけ。幸せな訳がない。

何らかの手を打たねばならぬ。


きっと、僕にとっての幸せは、経済的な成功ではなかったということだ。

では、一体、幸せとは何なのだろうか。

きちんと幸せの形を認識し、その幸せを放せないようにして、自身を両手放しで幸せにしてあげることで、後頭部の更地に毛を生やすことにしよう。

こうして、僕の幸せへの模索の日々が始まる。

幸せへの試行錯誤

何故この悲惨な有様になるに至ったのか。

円形脱毛症の原因究明をすべくパソコンで調べてみた。

「猿でも分かる円形脱毛症！」とまとめられているサイトを見ると、円形脱毛症とは一種のアレルギー反応による自己免疫疾患であると出てきた。

僕は猿ではないからか、何を言っているのか分からなかった。おそらく猿であれば理解できたのであろう。猿人恐るべし。

そのまま検索を続けていくと、円形脱毛症の原因は、杉の花粉が如く大量のストレスの体内への侵入を許したことであり、その結果、ストレスへのアレルギー反応で毛が抜けたということが判明した。

調べずとも明白な理由であった。ストレスで、ハゲたのだ。

薬によって強制的に毛を生やす治療を受ける選択肢もある。けれど、元来、幸せな人間から毛が生えてくるのであって、薬品で無理に毛を生やしたところで、今の精神状態であれば、また身体がアレルギー反応を起こして毛が抜け落ち、再び円形脱毛症に悩まされることになるのは京都五山の送り火を見るよりも明らかである。

我が頭皮に必要なのは根本治療で、抜本的な改革。腐敗した現政権を一掃し、幸せの国を建国する必要がある。そして、その頭部には青々とした樹林と願わくは懇ろな関係になった御令嬢をどうか。それくらい望んでも罰は当たらぬであろう。

不幸中の幸いか、一度毛が抜け落ちてしまった焼け野原の地も、精神衛生を整えれば、再び青々しい毛が生えてくるらしい。心を治療することで、復旧が可能である。

したがって、僕の今の命題は、一刻も早く毛を生やすことである。

心を健全な状態に戻さねばならない。とは言っても、そう簡単な話ではない。今の現状と向き合いながら、精神的負荷を取り除くことは至難の業である。我が知力を総動員して、ストレスを排除し、幸せになるための思案をした。

幸せになるには、一体如何なる作為をするのが良いのだろうか。

その答えは本の中にあると勝機を見出し、哲学者の権威たちが幸せについて綴った本を読み漁った。

そして最初に導き出された答えは、幸せの総量を増やすという手段であった。

幸福に満ちている人間を見かけたことがあるが、其奴らのハッピーオーラは周囲にラメを漂わせる奇術を用いていなければおかしいほどにキラキラと輝いていて、僕もあんなハッピーになれたら、と羨むことが過去に幾度もあった。

彼らと比較すると、明らかに僕には幸せの総量が足りていない。

僕もこの肉体と精神をハッピーで目一杯満たし、有り余る程の幸福に身を浸すことができれば、幸せな状態であると断言できるに違いない。その末に発毛が待っている。そう考えた。


したがって、自らをハッピー漬けにする施策を考えることにした。

僕は、芸能界で仕事が増えるように色々な方法を考えて実行してきた令和の諸葛孔明である。孔明の生まれ変わりかもしれない。計略に長けているのだ、そうに違いない。

念の為、答え合わせをするために横浜中華街にある占い屋で前世を占ってもらった所、占い師に、僕の前世は諸葛孔明などではなく、道路標識である、と言われた。遺憾である。

せめて知的生命体であって欲しかったが、誰かや何かを導く存在である、という意味では道路標識もまた、諸葛孔明であると言えるであろう。都合の良い解釈をすることで抜きかけた刀を鞘に収めた。

そんな数多の人を導いてきた標識という前世を過ごしてきた僕であれば、自分自身を幸せにするための施策なんて朝飯前である。いや、もっと前の、前日の昼飯前である。すでに傷んで部分的に腐敗している気がするが。

兎に角、さっさと幸せになるための努力をすることにした。

題して（M）めちゃくちゃハッピーを増やすこと（D）で（M）メンタルを（A）安定させる、の一文から文字をとって、MDMA大作戦の決行である。

作戦名からご機嫌になること間違いない。


当作戦の内容はこうだ。

人には「幸せなんてものは人それぞれ」などと思考停止と同義の音を恥ずかしげもなく口から発する者がいるけれど、本質的な部分は人類皆同じなのではないだろうかと考えた。

特に、衣食住という言葉があるように、生活を支える重要な3要素である衣食住のクオリティを上げていくことは、人生の質を上げることに直結するであろう。そして生活が豊かになれば、精神も豊かになり、ひいてはストレスも緩和され、毛が生えてくるに違いない。

よって、日本の底辺のような生活をしていた僕が贅沢三昧の日常を過ごせば「成功した」と実感するに至り、その先に幸せが待ち受けてくれているのではないか。


ということで、まずは衣食住の、食からアプローチをかけていくことにした。

その日から早速、世間が羨むような高級飲食店に出向き、お金をかけた食事をして体内に質の良いものを取り入れてみることにした。

まずは身体の中から。そして贅沢な食生活により脳内に幸福な物質を分泌させるのである。やがて幸せへ導かれるのだ。

早速、銀座の一等地にひっそりと建つ一人5万円する高級寿司屋へ予約をとる。

昔であれば一撃で即死である価格設定も、一生懸命働いてきた今の僕からすれば痛いし痒いが、決して倒れるほどではない。打撲程度で済み、美味しいものを食べて幸せになれるのであれば、福沢や渋沢の4人や5人、犠牲にしようが安いものだ。

回転寿司に行き、1時間寿司を眺めながらガリを食べて腹を満たし、イカ1貫を口に含み時間をかけて飴のように味わっていた身からすれば失神ものの会計である。贅沢の極みだ。

銀座まで足を運び、荘厳な佇まいの店に入ると早速、寿司屋の大将が「このカウンターは1枚の木を切り出したもので、これだけで1000万円はするんですよ」という情報の暴力を振るってきた。

僕は純白の魂を持った素直な人間であるため、その言葉を喰らい、店の全てが高尚なものに思えるようになってしまった。入店時には何も思わなかったが、言われてみれば、目に入る景色全てにこだわりが詰まっている、そんな気がしてきた。

その後は、大トロにウニを載せたバブル期に思いついたような贅沢寿司や、マグロ1尾のうち1キロしか取れないという情報で価格を釣り上げたような希少部位が立て続けに出てきた。

美味しかった。口に入れるたびに脳のキャパを超える美味しさに息が止まる。景色は竜宮城。目の前で魚群が泳いでいく姿すら見えた。

あまりにも味が濃厚だったため、寿司をおかずに白米が欲しくなったけれど、当然そんな庶民的思想の人間はここにはいない。したがって、お寿司を食べながら白ごはんありますか？だなんてことは口が裂けても言えず我慢したのだった。

その後も流れるように贅沢を具現化したものが目の前に置かれていく。今まで15分置いて量を増やしたカップ麺で充分満足していた人間からしたら、理性が飛ぶのも当然である。

美味しさに脳がやられて偏差値が2にまで下がり果て、言語能力を失い、全てが刺激的に感じ、我は成功者なり、と実感するような時間だった。そして、寿司を口に運ぶたび、その刹那は、美味いという情報を処理するために、普段の仕事の嫌なことや辛いことが忘れられた。

そんな高級なものでお腹いっぱいになると、幸せな気持ちになれた。

これは、良いかもしれない。

ＭＤＭＡ大作戦に早速、成功の兆しが見えた。この贅沢を続けることで、嫌なことを忘れる時間を増やす。味覚から幸福の背中を押してあげて、ストレスとの相撲で心の土俵から押し出して白星をあげるのだ。

寿司や焼肉の高級店横綱に頼る生活を半年続けたのだった。


だが、一向に円形脱毛症は改善される気配がない。

何なら、その領土は拡大の一途を辿っていた。頭皮平和のために縋るように寿司屋に通い続けたが、その戦火は広がるばかり。ストレスの猛火は寿司で鎮火することはできなかった。

目に見えて分かる変化は、ちょっと太ったくらいだった。

成果が欲しくなった僕は「髪に良いものはないか」と無理難題を大将に問うと、海藻類を必要以上に提供されたが、何ら影響はなく不必要に諭吉が飛んでいくだけであった。そして、体重ばかりが増えた。

この作戦を進めていっても、ハゲ続け、そして太り続けるだけであることが明白になっていった。

そこで改めて、食に精を出す行為が僕の幸せであるのか自問してみた。

この食事で得ることのできる満足は自分の中で分析してみると、セックスと同じ、動物としての側面の本能を満たしているに過ぎないと思った。エクスタシーである。食による幸せというのは、刹那的なもので、動物的な快楽の一種に他ならない。

僕は寿司とセックスしていたのだ。

快楽を否定するつもりはない。生き物本来の営みで言えば、狩猟を行い、食事をし、生殖活動をして寝る、というのが、正常な姿であり、その食のクオリティを上げるのは間違っていないのかもしれない。

ただ、食で得られる快楽は、幸せに生きるという、生き方を模索した場合に当てはまる考え方ではなかった。

このエクスタシーに幸せを見出してしまうと、今後の人生で、もし高級なものを食べられなくなってしまった場合、幸せが手元からなくなってしまうし、エクスタシー＝幸せである、という論法に依存してしまうと、法で規制されているものの、薬物にも幸せがあるという理論が正当なものになりかねない。さすがに大学院まで法律を学んだ身からすると、毛を生やす為に法律を犯してエクスタシーに染まるまでの覚悟は無かった。

贅沢なのかもしれないけれど、僕は寿司ックスに準ずる快楽ではないところに幸せを見出したい。瞬間的な快楽ではなく、もう少し継続的な幸福を目指すことにした。

ということで、次に、身の回りのものをブランド物で固めてみることにした。

次は衣食住の衣のクォリティを上げて幸せを図るのだ。

銀座を歩いていると全身ブランドの服を着て満足げに過ごしている人をよく見かける。道ゆく人は揃って絵に描いたようなギラギラした精力を身に纏っていた。個人的には苦手な部類の人間ばかりだ。

けれど、観察していると僕が嫌悪する系統の容姿をしている人は幸せそうであった。僕のような死相のでている人間は一人もいない。もしかすると、彼らに幸せのヒントがあるのかもしれないと考えたのだ。

銀座に行っていかにも高級そうなブランド衣服店に行ってみると、経済的に豊かで余裕のあるような人が闊歩していた。

彼らが通りすぎる度に肩で切る風が「人生満足しています」「充実した毎日！」と音を立てていた。負けじと「俺も俺も！」と音を立てて肩で風を切ってみたけれど、単に空虚な音がフワッと鳴るだけであった。やはり何ごとも形から、という言葉があるように、容姿から整えなければ自信の音は肩で切る風から鳴らないのかもしれない。

彼らのように高いものを身に纏えば自分に自信がつく可能性がある、と言う一縷の希望を胸に、店内にある一番無難な無地のTシャツを手にしてみた。

タグを見てみると10万円と書いてあった。

法外な値段である。100着分の値段じゃねぇか！ 繊維は何でできているんだ。金糸か？ え？ ポリエステルじゃねぇか！ と心の中で叫ぶ。ただ、そんなことを思うファストファッション思考の人間なんて周囲には皆無。値段のタグを見てずぶ濡れの子犬ほどに震えているのは僕だけだった。

しかし、MDMA大作戦に撤退の道はなし。焼け達磨になろうと進むのみ。

バレンシアガのTシャツを買って着てみることにした。意を決して購入する。すると、店の外まで店員さんが商品を持ってついてきてくれた。その様は従者のようでドラクエの勇者のような気持ちになった。勇者気分を味わわせてくれるまでがサービスなのだろうか。このまま街を練り歩こうと意気揚々と店を出ると、お供の伴走は店内までで、途中振り返ると後ろには既に誰もいなかった。

その日から10万円するバレンシアガのTシャツを着てみた。肌触りはいいし、布も丈夫で、間違いなく良い物であった。現場に着ていくと「そのＴシャツ素敵ですね。前から欲しいって思っていたんですよ」と声をかけてくれるスタッフがいた。ブランドのロゴがあまり分からない物を選んだのだけれど、分かる人には分かるのだろう。

日常にそんな変化はあった。


ただ、正直なことを言うと幸福度は何も変わらなかった。

デザインが素敵な服や肌触りが良い機能性に優れた服が世の中にはたくさんある。その中であえて選んで高い服を着る理由は、本当にその服のデザインに惚れ込んでいるか、その服を着ている自分を外に見せるためだ。僕はこれだけ資産があるぞ、ステータスがあるのだ、という金銭的余裕の誇示の手段に用いているに過ぎない。

それで承認欲求を満たせて幸せに思う人が世の中にはいるのだろう。それ自体を否定するつもりはない。

ただ、残念ながら僕は金銭的余裕を見せつけることに幸せを感じる感性を持ち合わせていなかった。いくらバレン誇示ガをして、他者からお金を持っていると思われても何にもならない。それが人間の本質的魅力とも思えないし。

実際、僕はお金を持つようになってから円形脱毛症になった訳で、お金を得て、承認欲求を得られれば幸せになる訳ではなかった。無駄な買い物をした。

ここまでくると予想はつくが、何ごともやってみないと分からないので、衣食住の住である住居のクオリティを高めることにした。

早速、都内にある高層マンションの最上階に引っ越してみた。

最上階は、今まで長年住んでいた高円寺のアパートと比べて窓を開けても虫が入ってこない。その分のストレスは解消された。

高円寺の木造アパートに住んでいる時は、窓を開けずとも虫の類いが侵入してきて、害虫たちとの共同生活を余儀なくされていた。見る人から見れば、虫の住居に僕が住まわせてもらっている構図に思える人口比である。

それが、今や部屋を一人で占拠できるようになった。快挙であり、快適である。

ベランダに出ると、都会を一望できる眺望であった。下にいる人が小さく見える。

きっとここで得られるものは支配欲のようなものなのだろう。この景色は僕のものだ！ガハハ！と高笑いできれば、きっと幸せになれたのかもしれない。

ただ、僕に見える景色は全てどこかの会社や個人に所属する建築物であって、それらを見下ろせたからといって支配している、支配した、という気持ちには微塵もなれなかった。高い敷金と礼金を支払って、得られるものは何一つなかった。

こうなっては、違う作為をせねばならない。

インターネットで幸せについて調べてみると、脳内物質であるセロトニンを出すと、幸せになると記載されているサイトを見つけた。

生物学的に、その物質が出ているのであれば、脳が幸せを感じるらしい。

これは、僕もセロトニンを出さなければならない。こうなったら脳から攻めて幸せになるのだ。

ってか、色々と試行錯誤してきたけれど、最初からこれをやればよかった。

直接、脳内から電気信号を出して僕は幸せになるんだ！と強く思った。ここまで辿り着くまで、あまりにも遠回りをしてしまったものだ。ようやく光明が見えてきた。

期待に胸も鼻の穴も膨らんできた。

セロトニンを分泌する方法を調べてみると、朝起きてから日光を浴びることである、と記載されていた。

したがって、この日から朝起きてすぐベランダに飛び出し、その日光を全身で浴びるために全裸で日光浴をすることを日課にした。

毎日、起きてパジャマを脱ぎ捨て、ベランダの椅子に座って30分間、皮膚から日光を吸収する。

日光に当たるのは暖かくて気持ちいい。冬の日光浴はあまりにも寒く、修練のような時間だったけれど、水シャワーで長らく生活していた僕からしたら大したことはなかった。むしろ夏場が堪えた。さすがに朝でも暑くて汗をダラダラ流しながら苦悶の表情を浮かべて陽を浴びた。これも幸せになるための修行。グッと堪えて、幸福になるための序章であると自分に言い聞かせて、ひたすらベランダで気温に耐えた。

そんな生活を半年近く続けた。


結果、ちょっと日焼けしただけだった。

肌の色が日に日に黒くなっていく。それを見て「よしよし、しっかり日光を吸収しているぞ」と実感したけれど、日頃の幸福度には何も影響はなかった。

辛い仕事の後は変わらず辛いし、現場に行く足取りも何も変わらない。見た目がちょっとずつ健康的になっていっているだけで、内面の陰湿なストレスの塊は一向に小さくならない。

結果、ただ浅黒くなっただけ。

円形脱毛症の陣地は広がっていくばかりで、歯止めをかけることもできなかった。薬を飲もうが胃の穴も未だ塞がらない。聞いていた話と違う。側から見れば、ただ日焼けをしたいだけの人間の動きをしただけではないか。

ＭＤＭＡ大作戦、失敗である。

これは、根本的に考え方を変えて、アプローチしていかねばならない。

不幸の引き算

幸せを足し算して総量を増やすＭＤＭＡ作戦は限界を迎えていた。

衣食住にこだわり、脳内ホルモンを出すことに精を出し続け、幸福数値をパンパンに膨らませたというのに、頭皮も胃も快調に向かわず、両手放しに今が幸せだと思えないのは何ごとか。

成金の風刺画のように万札を燃やして足元を明るくするような贅の限りを尽くしてもなお、何も満たされない。これで幸せと思えないとは僕は強欲の化け物であったのだろうか。いや、そもそも見当違いの努力をしてきている気がしてならない。

そこでふと思う。足し算ばかりをしてきたけれど、もしかすると幸せは引き算なのではないだろうか、と。

幸福を増やすことが幸せに繋がる道であるとばかり考えていた。

不幸と幸福が同じ線上にあり、幸福を増やせば不幸せから幸せの方向に自らを引っ張れると思っていたけれど、頭皮の進行具合をみると、そうではない。

であるならば、きっと、幸福と不幸は、別軸なのだ。

いくら幸福を増やそうが、それは幸せの軸での数値が変化しているだけで、不幸の軸には何も影響しない。そして不幸の数値が振り切れてしまっていては、幾ら幸福を増やそうが焼石に水。現状は何も変わらない。

幸福が増えることはいいことではあると思うけれど、正しく言えば、不幸の数値がパンパンに膨らんだ結果が円形脱毛症の原因であり、胃に穴を開けた張本人なのではないか、と思った。幸福の数値を増やすことは辛い現実を誤魔化しているに過ぎないのではないのだろうか、と。

我ながら名推理である。毛利探偵事務所への就職も視野に入れようと思う。まだ確定ではないけれど、真理に近づいている気がする。


したがって、不幸を減らすことにした。

何が僕を不幸たらしめているのか考えると、それは紛れもなくストレスである。

仕事や日常で蓄積されていくストレスは極限まで膨らみ、風船であれば宙を浮いて大陸の彼方へ飛び、水風船であれば破裂して公園に四散してしまうだろう。皮膚がゴムでできていなくてよかった。

インターネットでストレス解消、と調べてみる。

美味しいものを食べる、寝る、日光を浴びる、と既に試した見慣れた顔ぶれが並んでいた。スクロールをいくらしても誰しもが思いつくような字面ばかりが続く。

「そんなの試したわ!他にないのか!馬鹿タレ!」とパソコンに檄を飛ばした。パソコンは全て知っているのではないのか。ただ、こちらも切羽詰まっているとはいえ、理不尽な怒りをぶつけられてパソコンも不憫であった。パソコンにも毛が生えていたら僕が原因で円形脱毛症にさせてしまっていただろう。その暁には、お揃いだね、と笑みを浮かべて抱きしめたのだけれど、残念ながらハゲ仲間を無機物に望む訳にはいかない。孤独にこの戦いを続けねばならぬ。

今まで見たことのないストレス解消の方法を調べていくと「キックボクシング」と検索結果が出てきた。

なるほど、世の中の多くの人は抱えているストレスをキックボクシングで消化しているのか。もっと早く出会っていれば僕の頭皮もこうはならなかったのかもしれない。

理屈でいえば、人間の凶暴性を引き出すことで、ストレスそのものを蹴り倒し、粉砕していくのだろう。そもそも運動をすることが精神にも良い影響を与える部分もあるのかもしれない。


そこで、家の近くにあるキックボクシングジムに行くことにした。

早速、ネットから家の近くのジムのホームページを調べて体験申し込みをしてみる。ジムの名前と活動の記録を載せるのみの、あまりに簡素なホームページを見つけた。その無骨さから、この程度のホームページでも我がジムは門下生に困らぬ、という毅然とした態度が見てとれて、妙な説得力があった。きっと髭を膝下まで伸ばした達人が腕組み待ち構えて僕を精神的負荷から救ってくれるに違いない。

連絡を取ると、すぐに返信が来た。驚くべきレスポンスの速さである。

達人は余程暇を持て余していたのであろう。スムーズに連絡を取り合い、具体的な日程の予定を立てて行く約束をしたのだった。

テレビの収録が早く終わった日に、家に帰って動きやすい服装に着替え、予定していたキックボクシングジムへ行ってみた。

ジムに入ると、リングで本格的にスパーリングのようなことをしている人や、一人黙々と縄跳びを跳んでいる人がいた。

いかにもな風景だ。こぞってハッピーとは思えない剣幕で身体の錬磨に励んでいたが、果たしてこの視界に収まる人間はちゃんとストレスを発散できているのだろうか。全員眉間に皺を寄せて苦悶の表情を浮かべていて甚だ疑問であった。

各自ストイックに鍛錬をしている中、そのジムのトレーナーがヌッと出てきた。

「こんにちは！前田さんですよね！」と鍛錬された肉体から活力のある雄として力のこもった声で挨拶をしてきた。なんだか活気の圧を感じ、負けじとこちらも元気よく「こんにちは！前田です！」と挨拶を交わした。こちらだって元気の圧力には元気の圧力で返すのである。

ただ、僕の渾身の挨拶のボディーブローも何も食らっていないようでトレーナーはケロッとした顔をしていた。こいつ、やるな、と感心したのだった。

それから、書類にサインをして、まずは体験コースをやってみることにした。

トレーナーは「初心者の方は、無理しないで徐々にやっていきましょう」だなんて口にしていたから、ラフな気持ちで取り組むことにしてみた。

まずは、動きやすい格好に着替え、ウォーミングアップでラダーと呼ばれる梯子を地面に伸ばしたようなものをステップしながら進んでいく。

このラダーを用いたトレーニングは高校時代に親の顔よりも見たので、慣れた足取りで進めていく。久しぶりだね、会うのは野球部ぶりかな？　暫く見ないうちに綺麗になったね、と新品のラダーを愛でるように、ステップを踏んでいった。

その様子を見て「すごいですね、運動神経がいいですね」だなんて褒めてくれたので、調子に乗って一生懸命身体を動かしてしまった。まんまとトレーナーの思惑に乗せられてしまった。おかげで準備運動の段階から汗を滝のように流してしまった。10分も待たずしてヘトヘトである。

既に帰宅の選択肢が頭を過ぎるほど疲弊したのだけれど、促されて縄跳びを跳ぶ。限界を迎えた辺りで再び促されて次に待つ本格的にキックの練習に入っていった。

トレーナーに言われた通りのフォームで蹴りの練習をする。身体を動かすたびにトレーナーが「筋が良い」とそこでも僕をその気にさせるような言葉を投げてくる。

こちらは体力の限界に近づいてきているというのに、何を呑気に誉めているのだ、休ませろ、と理不尽な怒りさえ覚えてきた。

そしていよいよ、本格的にトレーナーがミットを持って、それに対して蹴りを入れていくミット打ちと呼ばれる練習に入る。

身体が悲鳴をあげている。疲弊した身体を無理やり動かして、指示通り、言われたフォームで言われた場所に蹴りを入れていく。

構えるミット目掛けて足を振る。その度に「すごい、すぐにプロになれる。もっとこい！」とどんどんトレーナーの熱が入っていくのが分かる。

次第に「そう！もっと腰を入れて！」「まだまだ！力強く！」とどんどん投げかけられる言葉が強くなっていった。

そこで、あれ？今日は無理せず徐々にじゃなかった？だなんて思ったが、相手の熱量に負けて、一生懸命やるしかなくなってしまっていた。

「すごい逸材だ！このまま日本一を目指すぞ！」と声をかけられるようになった頃

には、もう酸素が脳味噌に回らなくなって、声すら出せなくなってしまった。酸欠である。

「はいオッケー！」と休憩を命じられ、その場で倒れ込んだ。

そして、気持ち悪くなって、吐いた。

最悪であった。

お金を払って、高校時代のような強い強度の運動を強いられ、結果、夕方に楽屋で食べた弁当の中身をジムの床にぶち撒けてしまったのだ。

恥ずかし過ぎる。トレーナーも他の練習生も、嘔吐した僕を心配して体を冷やしたりしてくれた。運動しすぎて嘔吐するなど高校以来。成熟した大人が自らの限界値を見誤ってゲロを吐くなんで恥死に値する。更には、自分で吐いたものを、自分よりも若い子が善意で片付けている姿を見た時には、情けなくて涙が出てきた。

当たり前のことながら、体験コースが終わるころには、憂鬱な気分であった。

「また来てくださいね！逸材ですから！」というトレーナーに、僕は、ただ幸せになりたかっただけなんだけどなあと内心思い、口の中を胃液で酸っぱくしながら苦笑いを浮かべ、二度と来ないと心に誓ってジムから帰宅したのだった。

キックボクシングでは不幸は減らなかった。僕にとっては身体を動かしてストレスを解消する手段が有用ではなかったのだろう。

であるならば残された道は、ストレスそのものを解消するのではなく芽が顔を出さぬように、そもそものストレスが生まれそうなシチュエーションを無くしていくのみである。風邪をひいて熱を出してしまった時に熱を下げるのではなく、病原菌そのものを死滅させるのが手っ取り早いのだ。

ということで、いつもなら飲み込んで当たり前、と思っていた仕事のストレスと、真っ向から戦っていくことにした。ストレスを、潰していくのだ。

今日からは現場で、今まで肉体的にも精神的にも負荷がかかり我慢してきたものを、飲み込まずその場で吐き出し、ノーとハッキリ口にすることにした。辛酸を数年舐め続けて既に舌は痺れてきた。もうこれからは、清濁合わせて飲み込まず、汚い感情はすぐに口から吐き出してやるのだ。今後は、断固として意思表示をすることにより自分自身を守り、ひいてはストレスからも自分を守るのである。

ある仕事で、急にスタッフから「上着を脱いでスーツだけでそこに居て」と言われたことがあった。

気温は一桁台で、当然ながら寒い。薄着で身体が震えるので、歯をカスタネットにしてカチカチと鳴らしながら「スーツの上にコートを着たらダメなんですか？」と聞くと「出演者、みんな着てないから！」と叱責された。

疑っている訳ではないが念の為、供述の裏を取るために、他の出演者の姿を確認すると、みんな暖かいコートを当たり前のように羽織って中継に出ていたので、遺憾であった。これは僕らだけスーツのみである必要があるのか疑問であり、それと同時に我が身を守らねばならぬと猛り立つ機会が来た、と思ったのだった。

今までの僕であれば、仕事だし、指示されたものであるから、そこで風邪を引いても仕方ない。と飲み込んで受け入れていたけれど、今の僕はストレスと戦う戦士。このまま過去と同じように、仕事だから、と寒さに耐えてしまっていては、円形脱毛症の進行に拍車をかけてハゲ達磨になってしまいかねない。白旗を振って相手の要求を受け入れるのではなく、僕の中のランボーを呼び起こし、銃口を突き返さねば僕の現状は何も変わらぬままだ。

そこで僕は「体調崩すんで、コート羽織りますね」と勝手にコートを着て中継に出る強硬姿勢を取った。「そ、そうですか」とスタッフが戸惑っていたけれど、強く意志を貫き通して上着を死守した。

この姿勢を貫いたことは偉業である。

他人から見れば、上着一枚を羽織る行動なんて大したものとは思えぬであろう。

確かにこの一歩は小さい一歩かもしれない。だが、僕にとっては、意思表示をして自らを守る行動をとったという意味では、大きな大きな一歩であった。大切にしてくれてありがとう、と自分の中のリトル前田が感謝して大粒の涙を大地に落としていたのだった。

我儘であり、生意気な若手であり、傍若無人のろくでなしと思われても仕方ない。けれど、ストレスをいつも笑顔を作り飲み込み続けてきた末に、ハゲてしまったのだ。これ以上、僕は誰にも僕自身をハゲさせない。失った毛根たちの弔い合戦だ。

角笛を高らかに鳴らそう。合戦の時は今である。僕はストレスと戦っていくのだ。

このように不幸の引き算を続けていくことで、後頭部から毛を生やすのだ。

そんな施策を数ヶ月継続していくと、驚くことに、胃の穴が塞がった。

始球式ぶりの夢の達成であり、快挙である。

胃に対して働きかける投薬の効果も当然あるのだけれど、それよりも自分自身を自分が護る、という行動をすることが何よりも有効な薬になったのだ。ストレスそのものから身を離したことが効いたのである。生意気だという内なる声を無視して、強行姿勢を貫くたびに良心が痛んでいたのだけれど、ようやく報われた瞬間であった。

この生活を続けていれば、僕の身体は本来の状態を取り戻せるであろう。

とうとう勝利へのウイニングロードが輝いて見えた。その先には髪の生い茂る僕が涎を垂らして待っている。早く迎えに行かねば在るべき姿の僕が待ち惚けていて可哀想である。あまりにも迎えが来ないために本来あるべき僕は、口周りが涎塗《まみ》れでずぶ濡れになり目も当てられぬ姿で今か今かと現実の僕を待っているだろう。

ただそれも、ここまで。

胃の穴も塞がった訳だし。僕のハゲ人生もこれで終わりである。

活路を見出した僕の脳内でエンドロールが流れ始めたのだった。

幸せの国、フィンランドへ

幸福の足し算から不幸の引き算に数式を変更して早数ヶ月。

胃の穴は塞がり、前よりも円形脱毛症の進行が遅くなっていった。偉業である。

今までの施策は決して無駄ではなかった。努力が報われた感動で涙が滲み、視界がぼやけ、愛すべき卑猥本もろくに見えなくなったが、それは単に視力が低下しただけであった。

だがしかし、気を緩めてはならぬ。長い戦いだったがまだ決着は付いていないのだ。

ストレスを根絶やしにせねば歓喜するにはまだ早いぞと感涙を堪えた。

今や500円玉よりも大きくなってきてしまっているそのハゲた領地は、進行速度が遅くなったとはいえ、未だ拡大の一途を進んでいる。

ここまでストレスと戦っても、戦火は収まらぬというのか。岡崎の織田軍であっても夢半ばで潰えたというのに、ハゲの進軍の猛威は止まることを知らない。

もはや感心すらしてしまう。そこまでして我が頭皮を焼け野原にしたいのか。

毛を生やすことにこれだけ苦労していると、逆に何故、人類はこうも簡単に頭皮から毛を生やすことができているのか疑問に思えてくる。

そこで「人間　毛　生える理由」とインターネットで検索してみた。

その中のサイトをいくつか調べてみて分かったのは、どうやら「人間には動物の本能として身体の急所部分に毛を生やすことによって肉体を守る機能が備わっている」ということだった。身の危険が多い原始人は体毛が濃く、年月が経つにつれてどんどん命の危険に晒されることのない環境に身を置くようになり、現代人は体毛が薄くなっていっているのだという。

現在、我々の身体は、未だ何かから身を守ろうという動物的本能が毛を生やしているのだ。そして生き物として進化していく過程で、この機能はいらない、不必要であると判断して体毛が薄くなっていく。

であるならば、僕は今、後頭部から進化していっていると言っても良いのではないだろうか。進化の過程で、股間や腋などの体毛から薄くなっていくはずだけれど、「頭部を守る必要などもうない」と頭皮が勝手に判断して、一足先に人類の先に行っていると考えれば、むしろ毛を生やすなんて施策は人類の退化を促す愚行ではないだろうか。治そうと骨を折っていたけれど、そもそも進化していっているのだ。

我は人類の先をゆく者なり！

そんなことをマネージャーに話したところ、貴方は錯乱状態にあると言われた。「働きすぎで頭皮だけでなく頭の中身までおかしくなってしまったのでは？」と思われたに違いない。

おかしいのは僕ではない。そう主張して以降、色々なマネージャーから会うたびに「大丈夫ですか？」と心配されるようになってしまった。末期である。

思考の迷路に迷い込み、自らを見失っていると思われたのだろう。

残念ながら自覚はある。

その頃から僕は、人と会うたびに「今、幸せですか？」と聞くようになっていった。

今まで幸せになるために試行錯誤してきたけれど、万策尽きた。もう他人の幸せを模倣するなりして、そこから得られる幸せにしがみ付くしかないのだ。

「何をしている時が幸せですか」「幸せって思う時はどんな時ですか」と共演者を問い詰める姿を外野から見れば、新興宗教の勧誘のそれである。

けれど、他人からどう思われようと僕は僕を幸せにしてあげなければならない。その答えを見つけるためならば、もうなりふり構ってられないのだ。

幸福を追い求め、街を彷徨う幸せゾンビの誕生である。早く人間になりたい。


そして、周囲の人間にゾンビ自らが聞き取り調査をおこなった結果、自らを幸せだと思う人は、特筆してこれ、という幸せがある訳ではなく、なんとなーく幸せだ、という人が多いことが分かった。

お酒を飲んでいる時は幸せだと感じる人がいたが、僕からすれば、それはストレスそのものから目を背けて誤魔化しながら生きているに過ぎず、元凶を放置するその手法は、円形脱毛症になった身からすれば全く参考にならないため、その答えを耳にした時は自ら幸せについて問うたのにもかかわらず、話半分に聞き流すのであった。

もちろん、他にも色々と自身を幸せに思う理由はあるけれど、多くの答えが参考にならなかったり、すでに実践してみたものばかりであった。

その度に言われるのは「前田さんは考えすぎですよ」ということだった。幸せは、考えるものではない、と。

でも、仕方ない。考えてしまう性なのだ。この性をもってして、幸せになれないなんて、そんな悲しいことはない。お酒で思考をぼやかして、考えてしまう自らの性を捨て去り日々誤魔化しながら生活できるのであれば、今頃ハゲていない。

僕は、この僕の内面をもってして幸せになってみせる！必ず！

そんな決意もあったけれど、この同調圧力のかかる日本の風潮と対峙したとき、僕のような人間は決して幸せになれないのだろうか、と一抹の不安も出てきた。


再び、逃げ場を探すようにインターネットを開いてみる。

「幸せ　日本」と検索する。

すると、世界で国別に分けられた幸福度ランキングというものが出てきた。

アメリカの調査会社による全世界の約1000人を対象に行うアンケートにより集計されたものだ。それによると、日本の幸福度は51位であることが分かった。

日本は経済大国であり金銭的に豊かな国であるというのに、幸福度が51位⁉　あまりにも低い。

なんだ。日本で幸せだと思えていない人間は、僕だけじゃないんだ！

僕以外の不幸仲間がそんな幸福度ランキングの数字から透けて見え、パソコンの画面の向こうにいる同志に手を振ってしまった。そうだよな、みんな生きづらいよな、僕も同じ思いでここにいるよ、と画面に向かって辛気臭い笑みを浮かべた。そして画面が暗くなった時に自分の薄気味悪い顔で手を振る姿が映ってゾッとしたのだった。

アダムスファミリーの一員であるような、およそこの世の者の笑顔ではなかった。

多くの同志たちがいたのは安心できた。嬉しさすらあった。叶うのであれば、その不幸の同胞たちを皆抱きしめてキスしてあげたい。

問題は、そもそも先進国である日本がこんなに幸福度が低いという由々しき事態である。幸福度ランキングの上位にある国たちと比較しても日本の経済力というものは圧倒的に高い。エンタメも技術も、間違いなく盛んで発展していると言える。

で、あるのに幸福と思えないなんて。

お金があるのに、幸せではない。まさに、今の僕と同じではないか。日本の現状そのものである。

僕こそが日本の体現者であるのだ。前田こそ日本の化身なり。という自負を、幸福度ランキングから思うようになるとは思わなかった。今や日本そのものが幸せゾンビと化してしまっているのかもしれない。願わくは読者諸兄姉は僕と同じ幸せゾンビではないことを願う。同志であれば愛の抱擁を交わそう。


そこで幸福度ランキングの1位はどんな国であるのか見てみる。

すると、フィンランドという国が、堂々の1位に君臨していた。僕はたまたまサウナが好きで、その発祥の地としてフィンランドを知っていたし、ムーミンという作品が好きで聞き馴染みのある国ではあったけれど、北欧の面積も人口も日本に劣る一国がそこまで特筆して幸せの国であったとは思いもしなかった。

本当に幸せだと思えているのか、甚だ疑問である。

しかも、どうやらフィンランドはこの幸福度ランキングで7年連続、世界で1位になっている。幸せ界の吉田沙保里である。僕と同じ人類が住んでいるとは思えない。

7年連続世界一ということから、世界的パンデミックであるコロナ禍の前からその最中、またコロナ禍後までずっと1位であったことが分かる。

その頃の日本と言えば、学生たちは交流の機会が失われ、外に一歩出ればマスクをしていないと大罪人のように叱咤される世の中で、心を壊す人も多く、ストレスフルだった時期を皆等しく過ごしてきた。

あの頃は、誰も今が幸せだという実感はなかっただろう。一方その頃、幸福だった国があるのだ。あまりにも信じられない。

フィンランドの国民が総じて嘘をついているきらいがある。

万が一、真実を吐いていたのであれば、同じ人間という生き物が同じ地球に生まれてきて、ここまで幸せを享受できる差が生まれるなんて、一体どこに理由があるのだろうか。想像すらつかない。

これは、実際にフィンランドへ行ってみなければならない。

国の魅力を向上させるために我が国が世界で一番幸せであると嘘をついているのであれば、断じて許せぬ。横断幕を掲げて軍行し、我が純真を振り回したフィンランドそのものに責任を取らさねばならぬ。

そうとなれば行動あるのみである。

こうして僕は、1週間の休みを貰い、幸せの国、フィンランドへ行くことにした。事務所に強く嘆願してスケジュールを1週間空けてもらってから、飛行機を予約した。

せっかくの連休、久しい海外であるので、円安の大波などモーゼのように割って突き進むのだ。飛行機もグレードの一番高いクラスに乗り、フィンランドでは値段の張る四つ星ホテルを予約することにした。こんなに頑張って働いているのだ、節々にいい思いをしてもバチは当たるまい。

そして、フィンランドにいる日本人の方にアポイントメントを取り、現地についてから、現地の人たちにインタビューをさせてもらえる機会を設けてもらい、事前に幸せの正体を知るための日程を備えた。

こうして、幸せの正体を海の向こうにある国に求めて、片道12時間の空の旅に身を委ねるのであった。

第四章　僕と出会うまでの7500キロ

おかしいのは僕だけ

フィンランドへの渡航は難儀であった。

ロシアとウクライナが戦争の最中であり、ロシアの上空を飛ぶと飛行機が撃ち落とされかねないため、日本とフィンランドを結ぶ直線距離から大きく周回するようにフライトしなければならず、そのため、必要以上に時間がかかり計12時間も機内で過ごすことになったのだ。


飛行機の中で僕は座席に座りながら心配になってきた。

これまで色々な施策を実施してきたが、何処かにきっと幸せはあると、カバンの中も机の中も、探したけれど見つからなかった。まだまだ探す気ですか、それより僕と踊りませんかと井上陽水から言われそうなほどの大捜索である。

ここまで苦労しても成果があげられず四苦八苦しているというのに、海外へ行っただけでそんな簡単に幸せなんて見つかるのだろうか。1週間も休暇を貰って、何一つ収穫を得られない可能性だって大いにある。

そうなると僕に残された道は行き止まり。もう打つ手がない。

そうなってしまえば、いよいよ毎日を絶望するのみであり、その先は身体にダイナマイトを巻き付けて、恨んできた相手を巻き込んで爆散するしかない。

テロリストになる未来も薄らと脳裏を過ぎり、自分の将来を案じて震えた。いっそここでミサイルで撃ち落とされた方が幸せやもしれない。


そんな不安を抱き締めて空の旅を過ごしていると、フィンランドの地に飛行機が着陸した瞬間、血の涙が出てきた。涙が止まらないと思ってティッシュで顔を拭くと、真っ赤な血が染みていた。目からタラタラと流れていたのだ。

血眼になり幸せを探してきたけれど、まさか本当に眼から血が出るとは自分でも驚いた。身体も心も限界がきていたのかもしれない。

痛みもないので血涙が止まるまでティッシュを赤く染めていたら客室乗務員の1人が僕の異常事態に気づき、騒ぎになってしまった。客室乗務員が大声でフィンランド語を叫び、みるみるうちに他の客室乗務員たちが集まってくる。

アジア人は目から血の涙を流すのが平常なのだよ、と伝えて事態の収束を図ったけれど、誰からも信じてはもらえぬまま取り囲まれ、逃げ場を失った。


困った。

異国人に囲まれてフィンランド語や英語で色々な言葉をかけてくる。けれど、僕には肝心なリスニング力が皆無であるため、何を言われているのか一切理解ができない。宇宙人が捕獲されたらこのような気持ちになるのだろう。不安な気持ちで一杯になるので、是が非でも宇宙人は地球人に見つからぬよう願う。

さすがに居心地が悪くなり早急に逃げ出したくなった。この騒ぎを収めるために「オッケー、オッケー」と空事のように口にしたのだった。ただ、当然ながら、目から血を流す男のアイムオーケーなど相手にされることはない。

客室乗務員が然るべき機関に連絡をしたようで、救急隊員のような屈強な男たちが現れ、彼らが再び訳の分からない言葉を投げかけてきた。こっちは理解できないというのに、何を話しかけることがあるのだ。次第に腹が立ってきた。するといい加減諦めがついたのか、こいつに話しかけても埒があかないと痺れを切らし、氷嚢を目に押し当てる処置を始めた。脆弱な生き物のように扱われ遺憾であった。

そして数十分冷やすと、ようやく血が止まった。その後、休めだの、寝ろだの、その手の類いの言葉を投げかけられ解放されたのだった。

血涙の原因は未だ分かっていないが、ストレスに起因するものであると後に病院へ行った時に医師から診断された。

とうとう身体から赤信号が出てきたのだ。我が身がストレスの溜め込みすぎで破裂する前にどうにかする手段を見つけねばならない。

今の僕は、フィンランドの救急隊員たちが言っていた通りに休息を取る訳にはいかない。のんびりバケーションを満喫する為に海を渡ってきた訳ではないのだ。この旅は幸せを探し見つける決死の探索冒険なのである。

再び血涙を流そうが、向かいのホームから路地裏の窓まで幸せを街の片っ端から調べ上げる所存である。そんなところにあるはずもないのに、と山崎まさよしが言ってきたとしても、探し出してみせる。さもなくば我が命は無いと思え、と自らに言い聞かせる背水の陣で空港に降り立った。

急ぐ気持ちを落ち着かせ、ひとまず、ホテルに荷物を置くために空港から首都であるヘルシンキに向かうことにした。

空港から電車に乗り小一時間。ヘルシンキの駅に到着すると、血涙が原因で数多のフィンランド人に囲まれ不安になった気持ちを落ち着かせるためカフェに入った。

カフェのメニューはフィンランド語で書かれているので、何が何なのか分からなかったが、一か八かでメニュー名を指差して注文すると、ベーグルと、また違う種類のベーグルの2つ出てきた。店員から、飲み物もなく朝からベーグルを2つも食べるわんぱく小僧だと思われても癪である。

慌ててプリーズドリンクとカタコト英語で伝えると、これなんかどう?というニュアンスでメニューを指さされた。言われた通りにそれを注文するとチャイティーが出てきた。気分ではなかったけれど、もうこれでベーグル2つを胃に入れるしかない、と甘んじて受け入れた。

ゆっくり景色を見ながらチャイティーを飲む。

日本と異なり地盤がしっかりしているこの国は、地震が少ないのであろう。古くから建っている煉瓦作りの建物が多く並んでいる。荘厳で見応えがあった。まるで映画のセットの中にいるような景色の中、見慣れない多国籍の通行人を眺めていた。

謙虚であれ、という日本特有の美徳を真に受けて、能ある鷹は爪を隠すということわざ通りに、己の爪と自我を隠し続けていたら、己自身を遺失してしまった。

大金を払って海を渡ってきたのだ、見失った爪と自分を探し出して幸せを掴まねばならぬが、元々見つけるほどの爪など存在すらしていなかったのではと不安が募る。果たしてこの地で、再び自身を取り戻し、ひいては毛根を復活させることができるだろうか、と不安でパンパンに膨れ上がった頭を働かせて時間を過ごした。

浮き足立っていた気分も落ち着いた頃。

景色を眺めていると、違和感を覚えた。

それも、強烈な違和感である。

なんだ、何が変なのだろうか。

素敵な景色という条件であれば日本にもたくさん絵映えする地域はあるだろうし、

ロケの仕事で幾度もそんな場所には訪れてきた。

なのに、今まで感じたことのない違和感である。

まるで間違い探しをするような気持ちで、その正体を見つけるべく周囲を観察する。

今思うと、この違和感は空港からヘルシンキに向かう電車の中でもあったような気がする。最初は、異国の地に降り立った際に感じるものなのかと思っていたけれど、何だか違う。この違和感の中に、幸せの一端が隠れているに違いない。

名探偵の勘がそう言っていた。今こそ持て余す知力を総動員するのだ。


違和感の正体を掴むために、ヘルシンキへ向かう電車の中の光景を思い出してみた。

電車の車両の窓が、とても広かった。そのため陽の光が車内に差し込み、採光性の高い車両である。日本の蛍光灯で照らされた車内とは異なり自然光がたくさん入ってくるなあ、なんて思っていたけれど、違いはそれだけではない。

車両の中には、日本のような広告など一切なく、液晶画面には次に着く駅の名前しか表示されていなかった。比較的、質素と思われるような車内だった。ここで一人暮らしをしていたら、御令嬢につまらない男ね、と見限られてしまうほど最低限度の設備である。

だからであろう、乗客はみんな外を眺めながら過ごしていた。

国土の約70％が森に覆われ10％ほどが湖や川であるこの国では、電車で移動している間の景色はずっと自然に囲まれていたのだった。検索してみると、フィンランドの住居や工業、農業などのエリアは約17％程度しかなく、世界の森林比率1位の国であった。そりゃ、車内が質素でも移動中の森を進む景色は美しいし、外を見るのも当然である。

我が母国であれば、電車内での時間の過ごし方は専らスマホをいじっていることだろう。そうでない人間も吊革広告や、車両で流れる映像のようなものを見ているはずだ。きっと外の景色をずっと眺めるような人間は多くない。


一通り車内の様子を思い出して、改めて街の景色を見てみる。

すると、今まで引っかかっていた違和感の正体に気づいた。

街で歩く人も、電車の中にいた人も、電車を待っていた人も、全員、スマホを触っていないのだ。

東京を見慣れた我が目からすれば異常な光景である。街行く人々が異端に映った。歩きスマホをしている人なんて皆無。こぞって、通行人たちは景色を見ながらのんびり歩いている。

つまり、僕は視界にいる人間が誰一人としてスマホを触っていないことに強烈な違和感を覚えていたのだ。

今いるカフェを見渡してみる。

友人と団欒している人もいれば、一人でぼーっとしている人もいるが、誰一人としてスマホを触っていない。世界からスマホが消えたかのように思えた。

彼らは、何故スマホをここまで触らないのだろうか。

信号で立ち止まる人もバスを待つ人も、誰もスマホなど見ていない。空や建築物を眺めている。何より、日本と比較して圧倒的に下を向いて歩いている人がいなかった。

急足で移動する人などほとんどいない。皆揃って歩く速度が遅い。

のんびりしている彼らは一体何を考えて街を歩き、時間を過ごしているのだろうか。

まだ答えは分からないけれど、フィンランドの人間の幸福度が高い理由の一つとして、このスマホを触っていない事象が挙げられそうだ。

日本ではSNSに疲弊してしまっている人を見かける。スマホを触らないことを〝デジタルデトックス〟という言葉で表してSNSから離れることを推奨する人もいるけれど、デトックス、という言葉を使うということは、専らスマホを毒素として認識して、身体から排出しなければならない有害なものである、という意識があるのだろう。

その言葉を借りるのであれば、フィンランドの人たちは日常的に、デトックスしているように見えた。顔色も心なしか毒素の抜けた明るさがあるように思える。トイレの鏡で自らの顔を確認して見てみると、明らかに顔色が悪い。デジタル毒素に何年も漬け込まれて疲弊したゾンビがそこにはいた。

もしかすると、僕のげっそりとした風貌の原因はそのデトックスすべき毒素が身体に溜まっていたからではないだろうか。心身から思考が発酵した酸っぱい臭いすらしてくる。虫も寄りつかない辛気臭さに自分のことながら嫌になった。鏡なんて見なければ良かった。

トイレから席に戻り、僕もその場でフィンランドの人間と同じようにスマホを触らず景色を見てみる。

天気も良くて、景色も良く、建築物も綺麗で、見応えがあった。

こんな時間を長く過ごしていたら、そりゃ嫌でも穏やかな心になっていく気配がした。けれど、それも30分を過ぎたところで、仕事のことが頭に湧いて顔を出す。あのアンケートの期日はいつまでだったか、あの仕事はまだ終わっていない、とやらなければならないタスクが浮かんできて、ぼーっとしていられるような気分ではなくなってきた。何を呑気に知性を投擲して景色を楽しんでいるのか、お前から仕事を取ったら、いよいよアイデンティティは失われ、ただの肉の塊と化してしまうぞ。と、もう一人の僕が発破をかけてくる。

更には、今の日本ってどうなっているのだろう、如何なるニュースが流れているのか、トレンドは? 番組で知っておかなければならない情報は? という社会への意識が脳内のどこかで働き、何もしていない現状が手持ち無沙汰のように思えてきてしまった。

スマホを触らない、という選択をする代わりに、何かすることがなければ、怠惰でいるような気持ちにもなるし、何かをしておかねば人間失格であるという衝動が、落ち着きを失わせていった。

結果、ぼーっとしよう、と意識してみても、結局1時間経たずして気がついたらSNSを開いてLINEで連絡が来ていないか確認していた。そして、パソコンを開き、作業に入る。結局、フィンランドの人と同様に、ぼーっと時間を過ごすことなどできなかった。

ぼーっと過ごすことも大変なのだ。

きっとこれは依存だ。何かが欠けて、他にやることがないと、そわそわしてしまう。精神的にその欠けたものを何かで埋める日常だからこそ、空白を作ると手持ち無沙汰になってしまう。


元来、こんな性格ではなかった。

売れていない時期は、ただ高岸とキャッチボールをして、日が暮れたら家に帰り本を読む、およそ生産性など放棄した日常を過ごす怠惰に身を任せていた。その時期は、手持ち無沙汰だと感じる瞬間など一切なかった。まともな人間ではなかったけれど。

それが芸能界の一員となり、誰かに求められ、労働に精を出しはじめた頃からおかしくなっていった。心を閉ざし、扉に鍵をかけ、セルフで我が身を理性の檻に監禁させて、息苦しくなっている。人間とはかくあるべきである、という他者の考えた枠に自分を嵌め込んでいた。

仕事を一生懸命こなしている時には、社会人として正しい身の振る舞いをしているようで安心感があったが、それと同時に、労働せよという強迫観念に追われ、常に生き急ぐ始末。

その結果、せっかくもらった1週間の休暇であっても、何かで埋めるべきであるという無意識の心の癖が発動してしまっていた。

このままでは良くない。

ただ、どうすれば良いのか答えは分からない。

そのまま、ホテルに向かい、荷物を預けて街を闊歩してみることにした。

ヘルシンキは栄えていて、日本に店舗を構える有名ブランドの店も多く並ぶ。経済的に豊かであった。

発展途上国の国民が携帯を持っていないそれと異なり、フィンランドの人間はスマホを持っているはずである。であるのに、こうも歩く人たちの姿が異なるものなのか。

加えて、みんな朗らかに歩いていた。

その中で、死人のような目をしてパソコンに文章を入力し、携帯で情報をインプットしている僕は、フィンランドに溶け込めていない異物そのものであった。

ラストダンス

フィンランドの夏は最高気温が20℃程度で長袖でも涼しく心地が良い。人類が皆口を揃えて脱帽し白旗を振りながら適温であると涙を流すほどの快適で、極楽浄土であった。

僕が着弾したヘルシンキの8月の半ばは、すでに秋の匂いがしていた。日光が身体に当たると暖かく気持ち良い。日が落ちると少し肌寒いものの一枚羽織るものがあれば丁度良く、日本であれば瞬く間に消えて無くなる季節の幕間を充分に楽しめた。

港まで歩いて行くと、テントがいくつも並んでいた。果物や野菜、魚の売り場が密集して市場のようになっていて、地元民から観光客まで入り乱れ賑わっていた。

その一角に惣菜を売っているテントがあった。そこで小魚をその場でフライにしたものとサラダが盛られたプレートが売られているのが目に入り、心惹かれた。現地で獲れた魚をランチで食べるなんて、安直だが旅行っぽくて良い。

1プレート買い、近場にあるベンチに座って食べることにした。11ユーロと言われたので素直に支払ったけれど、日本円に換算してみると、大体1700円程度である。普通に高い。旅行先でこんなことを口にするのは無粋だけれど、都内の一等地で豪華なランチが食べられるであろう。カリカリに揚げられた小魚は鮮度が良くて美味しかったが、正直言って値段と釣り合ってはいない。物価の高さに腹が立った。


ただ、ベンチに腰掛けてこのフィンランドの景色を見ながら食べるそれは、付加価値が1億ついてもおかしくなかった。結局、人間の感性なんてものは環境によって簡単に変わるのだろう。

単純なもので、今感じているこれは、山頂で食べるカップ麺と握り飯が最強であるという現象と同じことが起きているだけである。それをフィンランドで行っていると思うとコスパが悪い。何をしているんだか、とため息を吐いた。

そして、せっかく北欧に来たというのに、純粋に食事も楽しめないこの自分の拗れてしまった思考回路に情けなさを覚えた。普通に美味しい！でいいだろうに。

我ながら辟易する。

変わりたい。だが、時すでに遅し。

真っ直ぐ生きるにはあまりにも歪な形の世の中に心の形も倣って育ってしまった。

この奇形である性根ごと愛せる手段を見つけたい。


食事を終えて、再び港の周辺を歩くと小さい広場に出た。

そこで、アフリカ系の民族ダンスのようなものを踊っている男性を発見した。

この手のパフォーマーは日本でも見たことがある。有名になるために、または芸でご飯を食べるために、一通りパフォーマンスをした後「活動をしているのでSNSをフォローしてください」だの「活動のために楽しかった人はお気持ち程度のお金を頂ければ」という流れになるやつだ。

パフォーマーがそのアナウンスをした途端、物見客が蜘蛛の子を散らすように四散していくのを見たことがある。みんな、エンタメを見たいが身銭を切ることには躊躇いがあるのだろう。

ただ、この広場でダンスをしている男性は、そんな素振りは一切ない。ただ、表現がしたくてダンスをしていた。

広めたい活動がある訳でもなく、チップを求めている訳でもない。こいつの目的は一体なんだ、と訝しい目で見てしまった。

まあ民族ダンスなんてものは、どの国のものであってもキレキレのエンターテイメントダンスではなく、一風変わったものが多い。その男性が踊るダンスも例に漏れず、狩猟をする所作をするようなものや、クネクネ揺れるものなど、僕のようなダンスの知識がない人間からすれば、嗜み方が分からないもので、少し笑えるような動きをしていた。

なので、「変なのー」と口にしないまでも内心冷笑しながら、その姿を記録するためにスマホでそのダンスを録画してみた。

狭い広場で、コンガの音に乗せて踊っている。

それを画角に収めながら、ふと周囲を見てみる。

スマホを構えている人間が、僕しかいなかった。

みんなにこやかにそのダンスを見ている。穏やかそうに見守っている人はいれど斜に構えている人は誰一人としていない。

この観客たちは一体何を考えて、派手でもないただの踊りを見ているのだろうか。雁首揃えて穏やかな顔をしていることだけは分かった。

すると、ダンスをしていた男性が「みんな一緒に踊ろう」と観客に向けて声をかけてきた。

どうだろう。

我が国でかくなる流れになったら、参加するのは何人くらいいるのだろうか。

きっと能天気な根明の大学生がノリで参加し、それを友達が動画で撮ってSNSにあげたりするだろう。あとは傍観者を決め込むか、その流れになった瞬間に立ち去る人も多かろう。そんな風景が透けて見えた。

ただ、フィンランドの人間はそうではない。

ファンキーでアッパーな感じとは到底程遠い、穏やかな明るさでみんなこぞって参加しているのだ。

たまたまそこを通った通行人も、何をやっているのだろう、と様子をみて、ふらっと踊りに参加する。

不思議な光景だった。

まるでラジオ体操のような、単調で誰でもできるようなダンスを、アフリカ系の男性が踊り、それを見て、みんな朗らかに真似をしている。

なんだか不思議な流れになってきたぞ、と、その様子をスマホのカメラで納める。

その時も、スマホを構えている人間は僕だけであった。


何故、僕だけがダンスに参加せず映像を撮っているのだろうか、と客観視して自分自身に問う。

現地民と異なり、ダンスに参加する、という選択肢がそもそもない理由は何故か。

きっと、どこかで躊躇ってしまっているのだ。

恥ずかしい、とか、人の視線が気になっているのかもしれない。僕は、能天気に踊りを決め込むような人間ではない、と自分が自分に歯止めをかけている。そもそも興味すらない、と冷笑している自分もいた。

記録として残しているつもりであるスマホの映像も、100%自分のために録画しているというよりも、どこか頭の片隅で、誰かに見せるため。誰かとこの映像を共有するために撮っているのだと思った。フィンランドどうだった?と誰かに聞かれた時に「聞いてくださいよ」と見せるためだ。

この広場に集まっている人で、この場にいない人の存在を意識している人は僕だけだった。みんな、この瞬間を生きているというのに。

シャバい。

目の前のダンスに参加している人たちは、音楽に合わせて明るく楽しそうにしている。一方、不幸だ幸せはなんだと頭をスパークさせてしまっている僕は、外野からスマホを構えている。弱腰で、自らを守ることに慣れすぎて、今を楽しむ人たちを前に、輪に入れない。

「そりゃお前、斜に構えて、楽しそうにしている人を後にネタにしようとしている奴が、幸せじゃないって思うのは当然だろ」ともう一人の僕が叱咤してくる。

僕だって黙っていない。

「別に、日本人なら誰だってこんな光景見たら動画撮るだろ」と反論すると「目の前の人たちは幸せそうなのに、参加しないで不幸だって嘆いて、そうなるのは当たり前だっつってんだよ」ともう一人の僕は続けて叱責してくる。

いつも脳内の僕は僕自身に厳しく、詰問の手を緩めない。

勘弁して欲しい。そんな厳しいから生きにくいのではないか。

自分くらいは自分に優しくして欲しいものだ。

冷静ぶって今を楽しめていないのはお前だけだぞ、という内なる声に「ぐう」と音が出た。

見てみろ、目の前で起きていることを。ごちゃごちゃ考えず、みんな全身で楽しんでいるぞ。という内なる声に、いよいよぐうの音も出なくなった。オーバーキルである。

別に、そもそも参加したいと思ってないし。と思っても、参加している人たちと僕のどちらが幸せそうであるのかは明白であった。

そうだ。僕は、幸せの正体を探すべくわざわざ日本から離れ遠い国までやってきたのに、幸せそうに踊っているフィンランド人たちを前に頭をこねくり回し、ふやけるほど指を咥え続け、その輪に入ってみることすらしない。とんだ臆病者である。そのくせ頭の一部をハゲ上がらせている、ダサくてシャバい男だ。

恥を知るべきである。

情けなくなり、スマホの録画を止める。

この場には、唾棄すべき知性を投擲させた大学生のような人間はいないし、踊りに参加したところで僕を同様の人間であると思う人間すら誰一人いないというのに、二の足を踏んで孤独のステップを舞っている。

このままでは幸せの国に来た意味がない。脱皮する時である。

参加するつもりなんて毛頭なかったが、ダンスなんて一切習ったことのない僕だけれど、思い切って、荷物をその場に置いて一緒に踊ってみることにした。

僕が踊り出すと、おそらく外野からスマホで録画していた僕の情けない姿を見ていたであろう、ダンスをしていたおばあちゃんが、やっと来たわね!と笑顔で迎え入れてくれた。

ラジオ体操のようなダンスをみんなで楽しく踊る。その輪の一員となった。そこに踊る意味なんてものはない。老若男女、みんな笑顔で参加していた。国籍も、性別も、年齢も、その場では関係なく、音楽に合わせて身を動かす。同じ時代に生まれた、この瞬間に居合わせている奇跡のような確率を、みんなで全身をもって祝福しているようだった。

踊りながら、人類の祝祭だ。と思った。

みんな、他人の目に怯えることもなく、小馬鹿にされるかも、だなんて微塵も思っていない。自分の人生を、謳歌しているのだ。

誰かと比較することもない。比較されることもない。

自分の陰湿さと、周囲の一人一人の今を楽しもうとする明るさの温度差に、涙がボロボロ出てきた。自分の情けなさと、周囲の人間の温かさで、胸がいっぱいになり溢れたのだ。

シャツの袖で涙を拭うと、心なしか綺麗な涙であったように思えた。同じ涙でも、フィンランドに着いた時の血の涙とは雲泥の差である。

お金を消費せずとも、喜びはここにあった。

誰かのファンとか、何かを見に来たとか、俗的なものではなく、ただそこに居合わせた人たちが、この瞬間を共有して幸せそうにしている。

誰が誰より優れているとか、劣っているとか、そんな低俗な思想の人間なんて皆無。

今、みんなで幸せの中にいるのだ、という、そんな感覚になった。

何かを消費する必要なんてない。特別なことじゃなくて、なんでもない日常の中にはっきり幸福というものは、見つけ出せるのだと、また涙がボロボロ出てきた。

心が温かくなった。


そして、号泣しながら、踊った。

そんな涙を流しながら踊るアジア人が近くにいたら不審がられそうなものを、近くにいる夫婦が、スマイルスマイル！と和やかに言ってきた。その優しさがまた染みて、また泣いた。

利益だとか、成功とか失敗とか、そんなものよりも、もっと手前の、誰でも手の届く場所に、幸せってあったのだ。

人類みんながこの幸福を獲得できたら、もう少し世界は平和になれるかもしれない。

そこまで思うような光景だった。

踊りが一通り終わると、次は、みんなで座って、アフリカ系の人が歌を歌い出した。「続けてみんな歌って」と言い、アフリカ系の言葉の歌を歌う。短いフレーズを輪唱のように、みんなが続けて歌った。

フィンランドの人間は2、3ヶ国語は当たり前のように喋れるらしいけれど、アフリカ系の言葉はみんな分かっていないようだった。それでも、聞いた音と同じ言葉を続けてみんなで歌った。とても上手とは言えない。それでも、愛おしい時間だった。

歌も、踊りも、上手であることなんて、なんの意味もないのだ。

パフォーマンスが終わると、「みんなありがとー！」とアフリカ系の男性が色々な人とハグをして、その場は解散した。

グシャグシャに泣いていた僕も、気がつくと周囲の人や、そのアフリカ系の男性と強くハグをしていた。以前の僕からは考えられない行動である。普段であれば死んだ目で周囲を見つめ、また目前で起きた出来事を唾棄する思考でいたであろう。

人類愛の中にいた。僕は一人じゃない。そう思えた。

甲子園に行けなくとも、芸能界のスターでなくとも、皆生まれた時から等しく幸せに生きられるのに、成功している横の者や、より良い環境の者を祭り上げ、人間とはかくあるべきである、という同調圧力に影響され、目指すべき姿を強要される。

自分以外の誰かの目を気にせずに、今この瞬間を感性のまま過ごすことはここまで気持ち良く、清々しいものなのか。

僕のように顔に疲労のタトゥーを入れて現状に満足いっていない人間など他に誰一人としていなかった。

その場から少し歩くと、バンドが路上で演奏をしていた。

それを見ている人も、誰もスマホを触っていない。演奏を、動画を撮ることもなく、全身で感じて楽しんでいる。

みんな、自由で、人生を謳歌していた。楽しいと思う場所に身を置いて、その瞬間の幸せを全身で感じているのだ。

こんなの、世界で一番幸せに決まっている。

しかも、僕からしたら衝撃的なこの風景も、現地民からしたら恐らく日常であるのだ。あれこれ頭を悩ませている人なんて誰一人いない。僕を除いて。

フィンランドの人は、目の前が最高なのだから、心惹かれるものが全部そこにあるのだから、携帯なんか見ないのだ。

充分満たされているから、無駄な贅沢なんてものは必要ない。

異なる国籍の人たちと、見知らぬ場で、幸せと踊ったあの光景は、一生忘れない。

現地人になる

フィンランドへ渡る前、日本で悶々と独り身を持て余していた時に、色んな縁に恵まれてフィンランド語の翻訳家である日本人の方と会わせてもらう機会があった。

僕がフィンランドへ行こうと決めたタイミングと同時期に、フィンランド在住の方が偶然1週間日本に帰国していて、幸運にも話をさせてもらう時間を貰ったのだ。

日頃の行いだろうか、本当に縁に恵まれた。

きっと、毎日息を潜めて、呼吸によるCO2の排出を削減しているSDGsな生き方を神様が見てくれていたのだろう。日陰者の情けなさが報われた瞬間である。

その翻訳家の人と話をした際、僕がフィンランドへ行った時に、より有益な時間を過ごせるようにと様々な手配をしてくれたのだった。

泣きながら踊った翌日。

その日は、翻訳家の方の協力により、フィンランドの大学生と高校生の子たちと一緒に1日を過ごさせてもらうことにした。現地人の日常を1日だけでも体感してみようという試みである。

現地民の生活を体感し、それを実践すれば、明日から僕もフィンランドメンタル。世界一幸せな国の現地民と同様の暮らしをすれば、明日から後頭部は生い茂るに違いない。この不幸を煮詰められてジャムと化した我が精神と肉体を浄化する好機を逃す訳にはいかない。血眼になって大学生と高校生に食らいついていく所存である。

街を歩いて見る限り、誰もスマホを持って歩いていないし、公園でベンチに座り景色を見る人もカフェで時間を過ごす人も、誰もパソコンを広げて仕事をしていなければスマホを見てもいない。

今の僕は、その行動の表面だけ実施してみても、手持ち無沙汰になり継続することができない。そんな理解不能な行動を続ける現地フィンランド人の日常と思想の実態を取材し本質を理解しなければならない。

当日、僕の宿泊しているホテルに大学生の子が車を出してくれて迎えにきてくれた。

感謝を伝えると、彼は「ちょうど夏休みの期間で時間を持て余していたので気にしなくていい」と言った。聞くと、高校生は3ヶ月、大学生は4ヶ月の夏休みがあって、それに加えて宿題もないらしい。

一年のうち3分の1が夏休み⁉ 高校生でも3ヶ月⁉ カブトムシの寿命丸々休暇ではないか。自分の国の当たり前を押し付けるのはナンセンスだけれど、それにしても、あまりにもである。

日本と違う制度に驚き、そんなに休んで、教育機関で何を学んでいるのかと聞くと、大学生の彼はやれやれ、といった様子で答えた。

「フィンランドで大切にされていることは、学ぶことじゃなくて学び方。大人になっても、働くことが大事なのではなくて、働き方が大事なんだ」と言った。

なんだこいつは。本当に大学生か？ 僕は32歳になったというのに、働き方というものを考えたのは最近のことだ。彼は、見た目が大学生なだけで中身は定年を超えた老人である可能性がある。

「学びたいこと、働きたいものを見つけたのならば、この休みを使えばいい。そのための長期休暇なのだ」と彼は続けていった。僕よりも10歳以上年下だというのに、人生に対しての解像度が驚くほど高い。

日本では、勉強しないと良い高校へ進学できない。良い大学へ行って、良い会社に就職して、安定した仕事に就くのが幸せだ、という定規を押し当てたような一定の幸せのために小学生の頃から学ぶことを強要されるし、大人になっても誰かの作った「社会では人間というものはこうあるべきである」という強迫観念で生きている人も多い。

まさに僕がそれだ。仕事である以上は、嫌なことも一生懸命取り組まねばならない、という思念が生んだ怪物に追われ、概念とサシでデッドヒートを日々繰り広げている。誰一人褒めてはくれぬデスレースの末、頭皮の毛を生贄にしているのだから世話ない。

自分がこういう勉強をしたいから、学び方を教えてもらう、こういう働き方をしたいから、特定の職種で働く。違ったらやめて、求める働き方ができる場所に行けばいい、というシンプルな思考を、フィンランドの人間は教育段階で獲得していくのだ。

もし僕がこんな教育を幼少期から受けていれば、今頃、頭皮に更地を作らず、富士麓の樹海もかくやというほどの毛量を獲得していたに違いない。

日本では、やりたいことが何だか分からない、という人が多いだろう。そんな人間でもフィンランドの学生のように、年間に175日も休みがある日常を何年も続けていれば自然とやりたいことも出てくるはずだ。

そう。彼らにはたくさん時間があるのだ。

日本のように、好きでもない、やりたいかどうかも分からないものを詰め込む作業で時間を埋めさせられる毎日を繰り返していたら、自分自身が何を好きなのか発見する時間も確保できない。僕は、仕事に忙殺されて自分の時間というものを確保できていなかった。

「みんな赤ちゃんの頃は主体性があるんだよ」と大学生の彼は言った。

確かに、生まれたばかりの、幼稚園くらいまでの子供であれば、日本人であれフィンランド人であれ精神性に国籍の大差はない。それが、我が国では、小学校、中学校と枠や型にはめて色々なものを強いられることで次第に主体性が失われて行ってしまうのだ。

社会が、学校が、先生が、親が、大人が、圧力をかけて、こうあるべきに囚われるように圧力をかけていった結果、経済的に豊かなものにもかかわらず幸福度が低くなったのが我が国なのであろう。

分かった。僕が迷宮に入ったように出口を見失い、ひいては生き方すらも迷子になり夜な夜な枕を涙で濡らすようになったのは、日本の教育のせいなのだ！

国に対して訴状を送りつけよう。

僕が円形脱毛症になったのは国が悪い！と提唱すれば、もう少し僕も生きやすい生活ができるかも知れない。賛同者を募ろう。ただ、その先に待つのは孤独に一人プラカードを掲げて国会議事堂に立つ姿しか想像できないけれど。

僕の毛を生やせ！と筆で力強く書いたプラカードを制作せねばならない。

こうあるべき、は自分の考えの元、自分の責任で自分が選択をして果たすべきものなのに、僕は社会の当然を、何も考えずに自分の当然としていた。

幸せを享受できず自分すら愛することができなくなり、孤独に日本社会から籠城作戦を敢行するに至った原因がここにあるのかも知れない。

更に話を聞いていくと、フィンランドの教育スピードが途轍もなく遅いことが分かった。

例えばフィンランドの算数は、小学生の段階で分数を学んで中学校へ進学する。これは、日本に置き換えると小学4年生までの内容にあたる。勉強が得意で、それ以上の内容をやりたい人は、塾へ行くなり、自分で勉強するなりしたらいい。基準以上のことは、たくさんある休みを利用してやればいい、という教育なのだという。

その根底には、勉強も、運動も、できないことは何も悪くない、という思想が国全体にあるようだった。

能力が劣っていることは何も悪くないし、成績が良いことが社会的にいいことでもない。留年が恥ずかしいことでもないし、人間誰しもできないことは当たり前にできない。学力があることは、足が速い、フェロモンがある、身長が高い、などの個性の一つに過ぎないという考えなのだ。

なんて生きやすい社会なのだろうか。

やればできる、頑張れ、と挑戦することを美徳として前に進むことを是とする日本とは対極的である。

このことを編集の人にフィンランドにいながら電話をして伝えると、ちゃんと帰国してくださいね、という心配をされた。この弱者に対して寛容な国に、前田が移住をしかねないと思ったのだろう。

実際、働き口を探しかけていたので、日本から監視されているのではと緊張が走ったのだった。高校野球をしている時に監督がサボっていないか目を光らせている、その時の視線に晒されているような気持ちになった。

では、この国では何が評価されるのだろうか。

大学生に聞いてみると、「自分に合っていると思うこと、やりたいことに対して努力をしていることが褒められる」と答えてくれた。

弱者に優しい国。いや、正しく言えば、違う。

人間誰しもが弱者であることが当たり前だという認識のある国なのである。

そりゃ幸せに決まっている。

このフィンランドメンタルを幼少期から持っていたら、僕の人生どうだっただろうか。人間みな弱くてできないことが当たり前の精神があったら、高校時代に心を燃やし切るほどの努力を過去と同じようにできただろうか。

やりたいことではあったから、一生懸命やってきただろうけれど、あそこまでの努力はきっとできていなかっただろう。

そういう意味では、死んでも構わない、と思うほどの努力はもしかするとできてはいなかったかもしれない。ただ、この国で育っていれば、あの常軌を逸した努力をしていたが為に、夢破れた時に、生きる意味すら見失うこともなかっただろう。

他人にそこまで要求値の高いものを要求しないこの国の土壌では、今の日本の芸能界も育ってはいなかっただろうけれど、それでも生きやすさは段違いでフィンランドに軍配が上がる。

僕がテレビでリアクション芸を求められて、たいして現場が盛り上がらなかった時の、あの居た堪れない感覚は、おそらくこの国で感じることはないだろう。

あんな思い、今後もなるべくしたくない。

芸事に限らず、人間かくあるべきであり、そのために全力で頑張り続けなければならない、という社会から見たら〝やって当たり前〟という風潮が、強迫観念にまで育ち、僕を疲弊させていたのだろう。

できなくて当たり前、だなんて自らに声をかけてあげたのは果たしていつだろうか。

過去を振り返ってみても、思い当たらなかった。


大学生の子とスーパーマーケットへソーセージを買いに行った。

何のためのソーセージなのかと聞くと、この後、森の中にあるバーベキューができる場所に行って、このソーセージを焼いて食べるのだという。夏と言ったら森でバーベキューだ、と言っていたので、なんだ日本の大学生と何ら変わらないではないか、と思ったのだった。

日本では、勉強をするという責務を放棄して河辺で能天気に青春を謳歌している男女の群れを遠くから見たことがある。当時は、唾棄すべき連中であると見下していたけれど、僕のように身を焦がすように勉強をする必要だって本来ならばないのだ。

フィンランドの人間からすれば、妬み嫉みを膨らまして学問に打ち込む僕なんかよりも、当時の河川敷にいた能天気サークルの方がよっぽど人間らしい日々を送っていると思っただろう。大学に行こうが、気が向かねば、最低限の勉学と有意義な青春を送ることに何ら問題はないのだから。

当時の僕は、気高き器の小さい男であった。

占有面積が広いスーパーで、山ほどある種類のうちから美味しそうなソーセージをいくつか見繕った。それを手に、森に向かった。

森の入り口に到着すると、手前にある駐車場に車を止めて、バーベキューができる場所に向かう。

大雑把にしか書いていない紙の地図を片手に、あっちでもない、こっちでもない、と道を右往左往迷いながら30分以上かけて、ようやくバーベキューができるような場所に着いた。日本であれば、みんなスマホ片手にGPSを使って容易に目的地に辿り着くことができるだろう。

文明の利器に頼らぬことは明らかに効率が悪い。遠回しな文句を口にすると大学生が「効率が良くても何にもならない」と言ってきた。

時間の短縮のためであろうが鼻垂れ小僧が、と思ったけれど、そもそも効率を求めるならばバーベキューだなんてものはするべきではないのだ。野外で、遠方まで足を運び、わざわざローテクノロジーの場所へ赴くのは、非効率を楽しむためである。

どこまでも日本に毒されている脳みそだな、と自分の考えに情けなさを覚えた。薪に火をつけて、ソーセージを炙って食べた。森の中で食べるソーセージは、銀座の予約が取れない焼肉屋で食べるそれに匹敵する美味しさである。静かな森の中で穏やかな時間が流れる。

フィンランドの人の幸せとはこの静寂にあるのかもしれない。

彼は自身の幸せについて「森林に行ってこうやって身体を動かしたり、一人でのんびり過ごしたり、友達や家族と過ごしたり、サウナに入ったり、兎に角のんびりすることが必要だ」と口にした。

大学生にしては、あまりにも質素すぎるような気がした。

日本の大学生なんてものは、スマホに脳みそを接続して、SNSと同期させている人も少なくはない。話題の動画を見て、時間を溶かしている若者たちが腐るほどいる。何なら大人になってもSNS映えするような店に行き、写真を撮り、それをまたSNSに載せる、だなんて休日の過ごし方をしている人も多かろう。

フィンランドの人は、そんなものに頼らなくともエンタメはここで充分で、幸せなのだ。

耳に入ってくる自然の音が心地いい。

東京のコンクリートジャングルの中では味わえない心が落ち着く時間であった。日本の店内で時折流れるヒーリングミュージックが、人工甘味料のようなケミカルに作られたものであるのが分かる。

思い返せば、フィンランドと比較すると日本は人工物が多かった。人が人を喜ばせるために作られたものを娯楽として消費する。かくいう僕も自身を商品にして誰かを喜ばせる仕事をしている。人が喜べるものが、自然界にこんなに存在しているのに、僕らはそれでもSNSの海に繰り出してしまうのだ。


フィンランドの人間はどうやら、エンタメが嫌いな訳ではないが、足るを知る、というメンタリティが育っているらしい。

森林へ赴き喧騒から離れ、美味しいソーセージを頬張る。

それで充分、人生は満ちるのである。

あまりにも質素だ、とこぼすと、彼は「そもそも、お金を持っていることがステータスではない」と答えた。

ハッとした。

日本では、綺麗な道路でオフロード車が走り、法定速度30キロの狭い道路でスーパーカーがスペックを持て余して走っている。それも、富は羨望の対象であって、心の底から、その車が欲しいと思っている訳ではなく、日本の社会にとって羨望の対象であるという思想から、高級車は良い物だという認識が少なからずある。

かくいう僕も、700万するレンジローバーを買ったばかりで耳が痛かった。見た目がカッコいいという理由で今の車を選んだけれど、外国車はどこかステータスとして見ていた自分がいた。そのステータスに幸せはないのだ、とハッキリ言われた気がした。

エンタメを消費することが豊かではないし、質素だからといって貧しい訳ではない。そんな単純なことを教えられたのだった。

こうなると、フィンランドの人たちがほとんどと言っていいほどスマホを触っていない理由も分かってきた。

大学生の彼が、僕の小言に対して時折口にする「便利と幸せはイコールじゃない」という回答がその全てであった。

便利は、幸せになるための手段であって目的ではないのだ。日本では、生活を便利にするスマホの中に、楽しみや便利さなど、何かを見出そうとしている人が多い。

大学生から「そんな小さい箱の中に、幸せはないよ」と断言され、確かに、と思った。目を向けるべきは、スマホの動画ではなく、現実世界の美しい風景たちである。

港の広場で、録画をするのを辞めてスマホを置き、実際に踊ってみた時は涙が出るような幸福感があった。

フィンランドの人間は、現実を目一杯楽しむために生きていて、それをより多く享受するためにスマホを使っているのだ。あくまで、リアルを生きるための補助道具に過ぎない。

当たり前のようで、きちんと認識していなかった。今まで、幸せになるためにあれこれ調べて試行錯誤してきた努力が、見当違い甚だしいものだったのが分かる。

僕は今まで何球分、幸せの球を見逃してきたのだろうか。その球数を数えては今までの野球人生で投げてきた球数に匹敵する可能性がありゾッとした。

僕はそもそも、目の前を見ていないために、幸せの球を認識できていなかったのだ。

今度はその彼から「何故、そんなにお金を稼ぐのか」と聞かれた。

資本主義社会に生きている我々に対して金を稼ぐことに対して一体何を疑問に思うことがあるのだろうか。お金があれば将来の不安は無くなるし、頑張って働いた時に、自分に対してご褒美として使ってあげられるお金があるに越したことはない。

その旨を口にすると、大学生の子は笑いながら「幸せに生きるために働くのが普通なのに、働くために生きているみたいだね」と言った。

悔しい。

正論の暴力に、もう立てなくなっていた。

目と口から体液を垂らしながら、僕の心は10カウントされても立ち上がれないまでボコボコにされていた。大学生相手に、32歳にもなってろくに言い返しもできず情けない。そして、この国は生きやすい思想が根付いていることを何度も認識した。

この地に死後は遺骨を撒けば、死後の世界でも幸せでいられる気がした。

日本の天界に行ってしまえば、そこでも天界人はかくあるべきだ、という決まりを意識しながら、雲の上でも粗相があれば正座をして謙虚に生きていかねばならない気がする。そして、僕は正座をせねばならぬ生き方をしてしまう未来も想像できた。怨霊たちには即刻パスポートを取得してフィンランドの天界へ移住することを勧める。

フィンランドの人はスーツを着たがらないらしい。

どうやら、スーツは、社会的地位を他人に保証する服装であるため、金持ちアピールみたいでダサい、という認識をみんな持っているようだった。

そういえば、公園でも誰もスーツを着ていなかったことを思い出した。

正装をすることで、会う人へのリスペクトに繋がりそうなものだと思ったが、「それもアピールのうちである」と一蹴された。豊かさは誰かにアピールするものではないし、相手へのリスペクトは、アピールとは本質的に違うのだそうだ。

日本人は、求められている役割に服装も含めてハマった生き方をしているのだ。だから生きづらさを感じる。

大学生と高校生の子とソーセージを食べ終わった後、サウナへ行ってのんびり時間を過ごし、夜ご飯は地元のレストランでミートボールを食べて解散した。

思想の暴力に身も心も揺さぶられ、放心状態だった。

今からでも僕は、このメンタリティになれるだろうか。もう取り返しのつかない所まで思考回路が凝り固まり取り返しのつかないところまで来ているきらいがある。

そうなれば僕に残された道は、今の仕事も全て捨てて山に篭り自然に還るのを待つのみ。僕のストレスが染み切った辛気臭い身体であれば環境汚染の一端になりかねないので、できるだけ荒れ果てたハゲ山に自らが文字通り墓穴を掘って埋葬されよう。

しかし、まだフィンランドに滞在できる時間はある。

芸能という、誰かに、ひいては社会そのものに評価されて生活をする仕事ではあるけれど、それでもこの考え方でいれば、もしかしたらこんな僕であっても、毎日を幸せに過ごすことができるのではないか、と、そんな予感がしていた。

過去の自分との別れ

幸せに生きられない、毎日が生きにくいだなんて辛気臭いことばかり考えて頭を腐った漬物で一杯にしていた僕からしたら、フィンランドの生活は目から鱗のことばかりだった。

落とした鱗でフィンランド中が足の踏み場がなくなってしまっているかもしれない。けれどSDGsが進んだこの国であれば、きっと僕の目から出た鱗でさえも今頃形を変えてシャツやら何かの原料にでもしてくれているであろう。フィンランドで光沢あるようなTシャツを見かけた際にはメイドイン前田であることを留意して見ていただきたい。

まだフィンランドにいることのできる日は残り数日。

こんな日本特有の精神を大切にしたところで、待ち受けるは毛根の死滅しかないのであれば、僕は今まで生きてきて卑屈になって黒ずんだ愛着すらある精神を捨てて、フィンランドで学んだ幸せメンタリティを実践せねばならない。

短い時間ではあるが、ここで幸せの国の全てを肌に染み込ませて、全身フィンランド色に染め上げるのだ。


であれば、まずやらねばならないことは形からである。

何ごとも、外見から整えれば、馬子にも衣装というのだから前田であってもある程度の体裁は整えられるのではないかと画策した。諺の意味は違う気もするが、なりふり構ってられない。

早速、街にあるドラッグストアに足を踏み入れた。

当然フィンランド語は分からない。なので、どの商品も何を書いてあるのか分からない。本当に意味のある文字の羅列であるのかも甚だ疑問である見たことのない言語であったが、なんとなく成分の強そうな髪染め剤を買った。

そして、金髪に染めることにした。

外見から、フィンランド人に寄せるのである。

そういうことではない、という外野からの声などには一才耳を貸さぬ。やれることを全て実践するのだ。

ホテルに戻り、浴室で髪染め剤をつけて数分。あっという間に色が抜けて金髪になった。日本であれば薬事法に引っ掛かるのではないかと思われる成分の強さで、頭皮がすぐさまヒリヒリし始めて些か後悔の念が生じたのは致し方ない。


仕上がりは、それは大層、違和感があった。

大学デビューした童貞のような、思い切って今までの人格を変えようと決心して金髪にした男の姿が鏡の前にはあった。

過去の僕であったら、お前何してんだよ、情けない。と呆れ返っていただろう。ただでさえ円形脱毛症になったというのに、まだ頭皮にダメージを与えるような真似をするなんて、泣きっ面に蜂、前田の頭皮に髪染剤である。知性までも不燃ゴミに捨ててしまったのか、と野党が如く叱咤していただろう。

ただ、今の僕は違う。日本にいた時のように、誰かからの見られ方を気にしてビクビク怯え、ずぶ濡れの子犬のように震えているような僕はもういないのだ。

堂々と、金髪の自分と対峙した。

似合わなくはないじゃない、と鏡の自分につぶやく。特段、似合ってもいないのだけれど。我が前田国の党首の決定に有無は言わせない。もう他の人からどう思われようと関係などない。僕は金髪になり、幸せスーパーサイヤ人になったのだ。自分の生きたいように、やりたいことをやりたい時にやりながら生きるのだ。

こう聞くと、遅れてきた反抗期が32歳にして訪れたように思えるが、これは日本社会に対しての反抗なのだ。これでどうこう言ってくる輩がいたら、気円斬で真っ二つにして日本海にいる小魚たちの餌にしてくれよう。いつでもかかってこい。こちとら臨戦態勢である。


こうして金髪にした僕は、公園に繰り出した。

フィンランドに来た時には、みんなこぞって公園のベンチに座り、ただ景色を眺めながら過ごしている人たちを理解ができなかったが、今なら分かる。彼ら彼女らは、今この瞬間を幸せに過ごすために、外の明るい日差しを浴びながら、景色を見て穏やかな時間を過ごしているのだ。

並ぶベンチには色んな人が座って、のんびり時間を過ごしている。その一員になるべく僕も同じようにベンチに座った。

他の人と同じ、と思っている時点で、周囲を気にする日本人メンタルが発揮されている気がしてならないが、もう過去の僕はここにはいない。いるのは32歳にもなって恥ずかしげもなく金髪にしてみたみっともない独身男性である。それ以上でもそれ以下でもない。海外まで来て観光地を巡る必要もないのだ。惨めだと思うなら勝手に思うがいい。ただ欲を言えばできるだけ優しい目で見守ってもらいたい。

ベンチに座って景色を見る。公園の植物が綺麗だった。日光に当たって緑が濃く見える。美しい、と思った。

どれだけ眺めても見るに飽きず、風に揺れる木の葉は、凛とした可憐さを持ち合わせている。こんな世間からの圧力を感じずに外の景色を見たのはいつ以来だろうか。テレビ番組のロケで絶景を見たことは幾度もあるが、いつも景色を楽しむのではなく、この番組で求められている役割は何か、どんなコメントをすれば番組の制作陣は喜ぶだろうか、他の出演者はどんなコメントを残すだろうか、そのコメントとは被らないようなものを話さなければならない、と頭ばかりを働かせてしまい、ろくに楽しめたためしがない。

なんなら目の前の景色も情報として捉えて多くの人間が消費できるよう分かりやすくすることを重ねてろくに現実を見ていなかった。思い返せば、小学校の低学年の頃に相模川へ自転車で行って、その川の流れる力強さに感動したっきり、それ以降ここまで自然をのんびり見たこともなかったように思える。

柄にもなく金髪にしたのが、精神に後押しをしたのかもしれない。他人の目も気にならなければ、社会で何が起こっているのかもどうでも良くなっていた。

今、目の前にあるものを楽しむために、頭を働かせることに注力する時間が続いた。

気がつけば、1時間経過していた。

資本主義という金銭の有無が社会的地位と繋がる価値観から離れ、競争から距離を置き、目の前の景色に心を動かし心を解き放つと、こうも穏やかな時間が流れるものなのか。

地球、ありがとう。と美しい自然に対して、無意識に感謝すら述べていた。

幸せを求めるゾンビとは思えない思想だ。

辛い辛いと逃げ場を探す男の思考が少しずつ遠くなっていくのを感じる。

おーいここだよ、と辛気臭い拗らせゾンビは、ここに置いて行かねばならぬ。このまま幸せの国を放浪するがいい。僕は一足先に、幸福な状態にならせてもらう。


日本から来たばかりの僕は、公園で座ってフィンランドの人間の真似ごとをしてのんびり過ごしてみても、結局スマホを取り出してしまっていた。

その原因は、心を社会に囚われてしまっていたからなのだろう。そんな精神に如何なる施策を重ねようが幸せが訪れる訳がない。

SNSという集団が形成する社会から隔離されている、という意識を持って過ごす公園の時間は至福であり、あっという間に2時間が経過していた。

幼少期、祖父が縁側に座って庭を眺めて何時間も過ごしているのを見て、この人は果たして何が楽しくて変化のない庭を眺めているのだろうか、正気を失ってしまっているのではないか、と疑問に思っていたけれど、その理由が今分かった。

この時間を、祖父は楽しんでいたのだ。

人間性すら疑ってしまって今更ながら申し訳なかった。

正気を失っていたのは僕の方だったのだ。


スマホのスクリーンタイムという機能がある。

どれだけの時間、スマホを起動していたのか分かるものなのだが、日本にいた時の僕のスクリーンタイムは4時間であった。これでも短い方であるという自負があった。

だが、フィンランドの人間のスクリーンタイムは1時間前後である、とフィンランドの大学生が言っていた。その程度で文明の利器を頼る時間は足りるのだ。

現地の人間と同様の生活をしていたら、僕のスクリーンタイムは自然と1時間程度になっていた。社会と自分をきちんと切り離すことができている証拠だろう。

心が幾らか軽くなっていった。


日本において、怠惰は犯罪と同等に忌避されるものであり、常に資本主義社会という競争の中に身を置くことを余儀なくされる。

僕が心を病んだ理由は、この競争社会にいることが当たり前である、という風潮に疲れてしまったのだろう。

だから、社会から完全に隔離されたこの公園のベンチで緑を見ることが、ここまで心落ち着くのだ。美女数人に囲まれてマッサージを受けたとしても、ここまでの安らぎは感じないだろう。いや、そんなマッサージは是非とも受けてみたい。

が、幸せの本質はそんな快楽にはないのだ。誰も競争していない、SNSも誰一人見ずにこの瞬間を楽しんでいるフィンランドの国柄に、慌ただしく動いていた精神を落ち着かせることができたのだろう。

何もしなくとも、SNSを見れば誰かが情報を、もしくは自らを消費の対象にしてエンターテインメントをひたすらに提供してくる社会が我が国にはある。

そんな娯楽性の高い社会とスマホを通じて繋がらなくとも、自然の美しさに身を委ねるだけで、ここまで精神の静謐が保たれるのだ。

フィンランドの大学生が、パソコンもスマホも容量目一杯に情報をダウンロードしてしまうと動きが悪くなる、人間も同じで、心の容量を、緑を見ることで空ける必要がある、と口にしていた言葉を思い出した。

僕はただでさえ容量の少ない旧型の機体だというのに、限界を超える情報を胃袋パンパンに詰め込んで便秘を起こしてしまっているのだ、と気づいた。ショート寸前まで使い潰していた。

なので、公園で2時間、ただひたすらに時間を浪費しているだけの行為で、精神が楽になった。今であれば、天使が天界から迎えに来ても精神を持ち運べるほどの軽さになっているに違いない。

僕は、本質を履き違えていた。

金銭を使って行う幸せの模索も、そもそも資本主義的な観点から、お金を使って、エンターテインメントを消費することで、心の澱を融解させようとしていたのだ。

円形脱毛症になる人間は、娯楽を消費することで得られるものなんて、一瞬の快楽に過ぎない。毛根を生やそうとするのであれば、資本主義的な競争社会から、一時的でも距離を置き、確固たる個として、現実を感じることに精を出すべきだったのだ。

起きてからセロトニンを出すために日光浴をしていた自分を思い返すと、その時にスマホを見て、何がトレンドで何が世の中の話題にあがりやすいのか、仕事的にも遅れを取ってはならないと、気にしていた。そもそも、気が休まっていなかったのだ。

そりゃ、ただ日焼けをするに留まるのも当たり前である。

今までの自分に、後悔もなくサヨナラを告げて土に埋めよう。

今日から僕は、世界一幸せな国出身の、幸せになる精神を持ち合わせた新生前田裕太として生きていくのだ。

我が国、我が精神、我が命

フィンランドで現地人と同様の生活を続け数日。心が嘘のように軽くなっていた。むしろ今日までの日常が、四肢に鉄球をつけられた囚人のように身動きが取れていなかったのだ。四肢の鉄球を外し、祖国由来の苦痛から解放されてようやく気づいたのは、僕という人間は日本の同調圧力の檻に囚われた囚人であったということだった。生きにくく感じていて当然である。

資本主義社会において働くことは競争することであって、そこから離れることは不可能に近い。家でくつろいでいようがトイレで用を足している時ですら強迫観念は正気の沙汰という名を成してナマハゲの形相で追いかけてくる。放っておいて欲しくても他者から比較されるし、信念を曲げることを強要されることすらある。そこから逃げ切るために奔走したが、追ってくる速度が異常に速く撒くことは叶わなかった。

けれど、その生活を続けるのではなく、きちんと己と社会との距離をとる意識を持って自然と接する必要があることを学んだ。この時間を作り、日常からルーティンとして続けていれば、日本でも幸せに生活できるかもしれない。

とはいえ、フィンランドにて幸せになる思想に頭の先まで浸かりきった毎日を過ごしていた我が身は帰国の日になると、当然ながら帰りたくない、と幼児帰りして駄々を捏ねていた。

ほら帰るよ！と口にして一歩踏み出しても、後ろ髪を引かれて前に進まない。

一歩進んでは後ろへ戻る姿は、側から見れば僕はパントマイムをしている道化師のように見えただろう。道化のような生き方をしているので、違うとは言い切れないのだけれど、あまりにも後ろ髪を強く引かれるものだから、頭髪が更に抜け、何本も髪をフィンランドに置いていきかけた。

ただ、僕も日本男児の端くれ。逃げる訳にはいかない。

唾棄すべき日常と再び戦うため、帰国した。

全てを投擲して国外逃亡せずに再び自身と対峙するために祖国へ帰国した精神の強さを褒めてもらいたい。そして頭を撫でながら甘言を1ダース分もらいたい。

躊躇なく頂こうと思う。いよいよ帰国の時である。

12時間の空の旅を経て、空港に着いた途端、ああやはり日本に帰ってきたのだな、という見慣れた光景が広がっていた。

相変わらず街行く人々はスマホに心を囚われて、画面を見ながら逐一社会の動向を気にしている。ゾンビのように下を向きながら歩きスマホをしている顔色の悪いビジネスマンを見て、過去の自分を見た。

あれは過去の僕だ。

働くために生きて、本来の人生を充実させることから目を背け、社会の歯車の一部となるため精を出しながら魂を削っている。道端には道徳と倫理観に削られた心が鰹節のように舞っている。

余計なお世話に違いないが、不憫に思った。

こうあるべき、に従って、自らの心を見失っている亡霊たちが闊歩しているのだ。彼らを拘束してフィンランドへ送り込んであげたいと心から思った。望んで生まれてきた訳ではないのに、生きるために疲弊して目が死んでいる彼らも、フィンランドの思想と邂逅できれば、きっと楽になるに違いない。

片っ端から木箱に詰めてフィンランドに空輸してあげようかと親切心から思ったけれど、日本の労働力を国外へ流出させていると国家転覆罪に問われかねないので諦めた。国を追われる器量ができた暁には実行したいと思う。


たった1週間しか離れていなかったというのに、東京という都市は、懐かしい澱んだ空気が漂っていた。

常に新しい物に目を光らせ、まだ見ぬ刺激を求め、誰もが乗り遅れないようにと神経を逆立てている。労働に精を出せ、流行に乗り遅れるな、怠惰は敵であり、贅沢している人間を羨ましく思え、という社会からの声が嫌でも耳に入る。

だが、僕は過去の自分を土壌の栄養にし、新しい自分を獲得した人間である。そんな風潮、どこ吹く風といなして、自らの平穏たる幸せを掴まねばならない。

家路までの電車の車窓からの景色は、東京は右も左もコンクリートジャングル。

どこへ行っても情報が目に入り、周囲は人工物が集まっていて、自然に囲まれていると実感できる場所がなかった。

生き急ぐ人間のラビリンス。有限たる人生を有意義に過ごさねば生きている意味などないと提示してくる情報が押し寄せて引いていかない。

気をつけねば溺れて窒息する姿が目に見えた。もう既に息苦しい。

電車に乗って自宅へ向かっていたけれど、途中で灰色の景色に滅入ってしまい、関係のない駅で下車してしまった。


緑が必要だ。

圧迫される苦しさに精神が限界を迎えて、緑を寄越せ、葉っぱを我に、と急いで広くて緑の集まる公園を探した。字面だけ見れば、大麻や違法薬物に蝕まれた人間のように思えるけれど、逆なのである。

薬物による刺激で現実から目を背けるのではなく、むしろ刺激そのものから離れなければならないのだ。人の作った無限エンタメ回転寿司の席から離れて自然の中に身をおかねば、思想も社会そのものに蝕まれて麻痺をしていってしまう。

スマホのスクリーンタイムを見てみる。1週間という限られた期間しかフィンランドに滞在していなかったが、1日のスマホを見ている平均時間が1時間を切っていた。

この日本で生活を続けていくのであれば、強く意識しなければ、この時間をキープすることすら難しいだろう。飲まれる前に、逃げなければならない。

近くに代々木公園があったので、急いで向かった。

こう言ってしまっては失礼だけれど、代々木公園には、間違いなく暇でやることのない人間が大挙していた。

ベンチに座って友人と猥談する大学生。隙間に入ったら取れなそうな細さの犬を散歩させているマダム。壁際で今にも事が始まりそうなカップル。それだけ見るとフィンランドでも見るような光景ではあった。けれど、やはりみんなスマホを片手に持ち、隙間時間に情報を消費することに躍起になっていた。

みんな生き急いでるなあ、と視界に入る消費社会の権化たちを他所に、木々を眺めながら、僕は心の静謐を保つ時間を過ごした。1時間も過ぎると、社会の圧力から徐々に解放され息苦しさも無くなっていった。

やはり僕に必要だったのは、インターネット上で形成された社会や物理的なコミュニティから身を離して、個の穏やかな時間を確保することだったのだ。

無心で木々に目を向けていると「あの、なんか見たことあるんですけど、有名な人ですよね」と声をかけられた。

声の先を見ると、学生が2人、僕に声をかけてきていた。片手にはスマホを持って、今にも写真を撮る準備をしている。なんとなくであっても顔を認知してもらえていることは有り難い。普段であれば、快く写真を撮ることを許諾していたのだけれど、ここでふと過ぎる。

ちょっと待てよ。今の僕は、金髪の状態ではないか。

それに加えて、声をかけてきた張本人は、僕がティモンディというお笑い芸人の前田裕太であるというところまでは理解していない。ここでなんとなく対応して写真を撮られ、それがSNSにアップされてしまっては、前田が金髪にして調子に乗っている、と世間で笑い者にされてしまうおそれがある。

まずい。

このままでは、不特定多数の異常な正常者たちの格好の餌食になってしまう。ネットの玩具になってたまるか。僕は、僕の人生を有意義に過ごすことに集中するのだ。

そこで僕は、え?ごめんなさい、違います、人違いだと思います、とお茶を濁した。

苦し紛れかもしれぬ対応だが、現状が苦しいのだから仕方ない。

するとと、ほら、だから違うって言ったじゃんー、ともう一人が言いながら、僕に何も言葉を残さずに立ち去って行ったのだった。

失礼しました、だなんて一言も出ない人間に、今まで僕は気を揉みながら対応してきたのだ。世間なんてものはそんなもので、あまりにも気を使って振り回されるほどのものではない。

そして、金髪でいることを誰にも知られることがなくなって安心した。

そこで気づく。

結局僕は、この金髪の状態でいることがインターネット上の海に流出して顔の見えぬ誰かにバレることに畏怖の念を抱いているのだ。あいつ、浮かれているぞ、と他者から冷たい目を向けられることが精神的に負荷になることを、自分で分かっているのだ。

誰かから向けられる目を気にしない。他者からどう思われようと、社会と自分を切り離さなければならない。そう意識しても、消費社会の中心にいるような職業にいる時点で、他者からどう思われるかは、一歩外に出たからには気にしなければならない現実に直面した。

人間そう簡単には変われない。情けない。

翌日にはメインMCを任せられている教育番組の生放送がある。

金髪で現場に現れては、スタッフ陣も困惑するに違いない。その顔を見て、僕も困惑してしまうだろう。お互いが苦悶の表情のにらめっこをした所で、何も生まれない。いや、生まれるのは演者とスタッフ間の軋轢だけである。

こんな髪色ごときで自分の心が穏やかにならないのであれば、とりあえず黒に染めなければならない。

この国では、頻繁に髪色を変える大人を、精神の成熟した立派な人間であるとは思わない風潮がある。不良の代名詞だと思う人間も多く存在している。だから、学生に対しても許容されるべきものではない、と黒髪であることを強制される。

不服ではあるが、社会そのものを変える力をまだ僕は持ち合わせていない。僕が総理大臣になった暁には、他者に関心を持つことを法律で禁止しよう。日本では、自由は無責任と同義で、他者からの目を気にせず金髪にして自由奔放に生きるその様は、その口から発せられる言葉の説得力を失わせていくのだ。

したがって、公園から自宅へ戻った僕は、泣く泣く、すぐに美容院に行って髪を黒色に戻してもらったのだった。


結局、他人の目を一切気にしない、と割り切って行動することは難しかった。

消費の対象であり、エンタメを提供する立場である芸人という職は、競争社会のど真ん中をいく仕事。自らを、比較と優劣をつける社会から隔離するのは非常に困難である。けれど、ここに心の平穏を保つ秘訣があり、幸せに生きる道があるのだ。

どれほど困難な道であっても、試行錯誤して、その精神をてばなしてはならぬと心に誓った。


未だ、円形脱毛症は治っていない。

ただ、人目を憚るように深夜誰もいない公園で2時間ほど思考を投擲してのんびりとした時間を過ごすことで心の静謐を保っている。

そんな日々を3ヶ月ほど過ごした。

すると僅かであるが、我が不毛の地から、産毛のような薄くて細い毛が数本、生えてきたのだった。

生えてきたのは、風前の灯のような僅かな命。ただ、無だったものから、新たな毛が生えるようになったというのは偉大な快挙である。

学校に祝・東大進学！と掲げ、その人数を誰にでも見えるよう横断幕にするように、家で祝・発毛！と書いた横断幕を飾ろうと思う。その暁には、その横断幕を誰かに見られてしまう羞恥心から誰も家には招くことができなくなるが、元より家に誰かを招く予定もないので、派手にこの偉業を祝おうと思う。

完璧でなくていい。完全でなくていい。

仕事が人生ではないし、競争に負けることが、価値を決めることではない。

そんな思想が、とうとう毛を生やしたのだ。

本来であればパレードを開催せねばならないが、毛が生えたという理由で人を集めては奇行の類いだと爪弾きにされるのが目に見えたため断念した。フィンランドで得た幸せの知見を今後も忘れないようにしながら、公園で緑を見る時間を大切にして、最終的には薬に頼らずに髪の毛を生やし切る所存である。

時間はかかったが、ようやく、我、幸せの形を見つけたり。

ただ、それでも不特定多数の人間から、心ない言葉をかけられる機会は多々ある。それは、僕が特別ではなく、SNSを開けば、どんな人間であっても体感することがあるだろう。

そんな時は、我々は、それぞれ自分の人生があって、その上でより幸福に生きるための手段として社会と繋がるのであって、社会そのものの中に自分の幸せを見つけるのはお門違いであることを胸に留めておかねばならない。

それでも肌感として幸せを感じられぬ人間は、フィンランドに向かうといい。きっと、幸福を求めて今にも死にそうな顔をしている過去の僕と出会えるだろう。

そのろくでもない顔色をした姿と、現地で幸せそうに生きている人間を見比べて、己が幸せに生きるための手段と、社会との関わり方、距離の置き方を見てくるといいと思う。

あわよくば、この本が、僕のような、今を苦しんでいる人の一助となることを願う。

あとがき

他人を笑わせることを主たる目的とする職に殉ずる人間として、円形脱毛症であったこと、胃潰瘍になったことを書くことに抵抗はあった。

人生で本を出せるなんて何回あるか分からない。

それを、こんな辛気臭い陰湿爆弾に仕上げて世に放ってもいいのだろうか、と執筆中に何度も頭を抱えた。

後悔するぞ、ともう一人の僕が囁く。

どうせ後世に書籍を残すのであれば一層のこと、虚偽に塗れた輝かしい毎日を書き連ねるのも手なのではないか、と夜な夜な誘惑が襲いかかってきたのであった。

どのページを捲っても、自分の精神世界で足掻いては世間に対しての恨み嫉みばかりが散見される。過去の自分を振り返って書き進めていく作業は、蓋をしていた臭い物を再び開封する苦行であった。臭いったらありゃしない。

芸人の出すエッセイの中でも、群を抜いて卑屈な内容であることは自覚している。

他の人のエッセイを読むと、ライトで楽しく読後感も良い作品ばかり。

それが、僕の場合はどうだろうか。比較すると目も当てられない。

けれど、これが僕なのだ。

そして思う。

こんな経験をした人間であるからこそ、伝えられる何かがあるのではないか、と。

芸人たるもの人が笑顔になるものを綴らねば意味がないとも思うが、素直に笑えなくなった目が死んだ僕のような人間が、本書を通じて少しでも心が軽くなって笑いやすくなるようなことがあったのならば、またそれも芸人としての職務を果たすことに繋がるのではないだろうか。


あとがきですら本書の言い訳をしている自分が情けなくなるが、勇気を出して書き綴った内容が少しでも誰かの何かになればと思う。

両手放しに幸せだと言えるようになった帰結で本作が終わらなかったのが心残りで

はあるものの、32歳の世に残す書籍の結論としては充分だろう。もっと明るい内容をピックアップして書くこともできた。それでも等身大の自分とその思想を、見栄の布を纏うことなく裸一貫スッポンポンにして書き残すことで、読者諸兄姉が僅かばかりでも明るい気持ちになればという一縷の希望を込めた。逃げずにこの内容を世に出したこと、そのことを評価してもらいたい。

如何だっただろうか。

楽しんで貰えれば幸いだけれど不安が募る。

自ら口にすることではないが、ろくでもない内容であることを自覚しているからだ。

ありがたいことに、編集者からは面白いという感想を貰った。

出版社に長らく勤めている人間が面白いと評価した作品である。本作を駄作であると排便の際の尻拭きに使おうなどと企む者がいれば、自身の感性を疑ってもらいたい。

本当に感謝すべきことに帯に山里さんがコメントを残してくれた。

たくさん案を出してくれて、執筆中の苦労が報われた気持ちになり、涙が流れた。

その帯の案の中で「自分の骨を削り、毛髪を引きちぎり筆を作り、自分の血で書いたような文章」と評してもらったのが何より嬉しかった。

僕の血肉を感じてもらえたことに、伝えたいことが伝わったという安堵を感じたのかもしれない。帯としてはボツになったものではあるけれど。

他にも「前田くん、こんな茨の道を歩んでたのね？　でもね、その傷、あとで全部ご馳走になるのよ」という言葉にも、救われた。

芸能界を進んでいる先輩が、この傷たちが報われる瞬間があると言ってくれただけで、もう本を出した意味があると言っても過言ではない感動を覚えたのだった。ボツになった案ではあるけれど。

改めて読み返して見ると我ながら悪くない出来であると思う。

多くの読者に届けばいいなだなんて淡い期待をしながら本が書店に並ぶのを楽しみにしている。

前田裕太

まえだ・ゆうた

１９９２年8月25日生まれ、神奈川県出身。済美高から駒澤大を経て明治大学法科大学院中退。「やればできる」の台詞とポジティブなキャラクターが持ち味のボケ担当である高岸の相方として、２０１５年１月にティモンディを結成。

自意識のラストダンス

二〇二五年四月八日　第一刷発行

著者　前田裕太

発行者　小柳学

発行所　株式会社左右社
一五一-〇〇五一
東京都渋谷区千駄ヶ谷三-五五-一二
ヴィラパルテノンB1
TEL　〇三-五七八六-六〇三〇
FAX　〇三-五七八六-六〇三二
https://www.sayusha.com

装画　森優

装丁　名久井直子

印刷　創栄図書印刷株式会社

ISBN 978-4-86528-460-7